JN163804

吃《チー》饭《ファン》了《ラ》吗《マ》？

ごはんたべたか？

写真と文／平田栄一

冨山房インターナショナル

雲南省

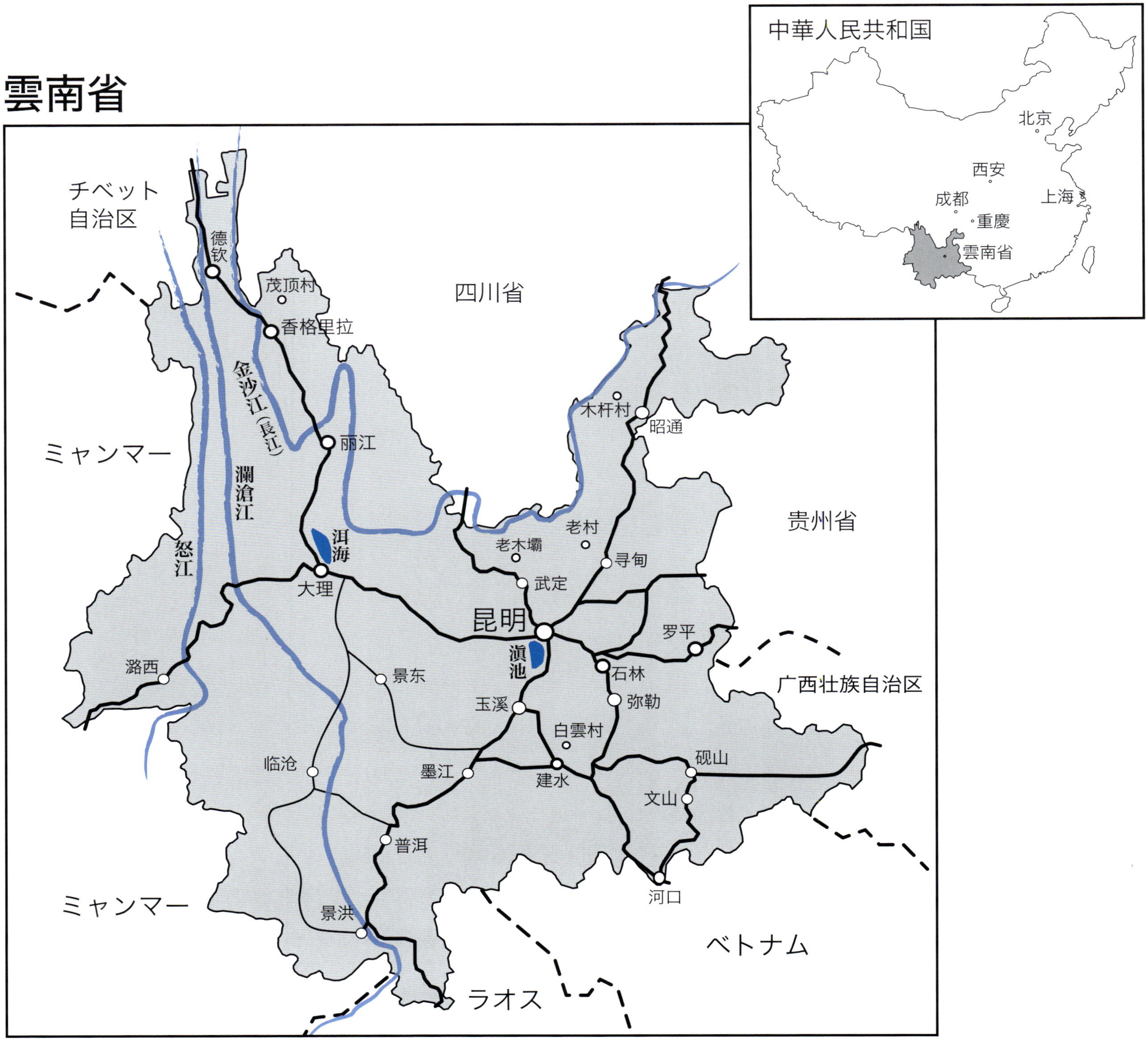
中華人民共和国
北京
西安
成都
重慶
上海
雲南省
チベット自治区
四川省
ミャンマー
ミャンマー
贵州省
广西壮族自治区
ベトナム
ラオス
德钦
茂顶村
香格里拉
金沙江(長江)
丽江
瀾滄江
怒江
洱海
大理
昆明
滇池
老木壩
老村
寻甸
武定
木杆村
昭通
罗平
石林
弥勒
景东
玉溪
白雲村
路西
临沧
墨江
建水
砚山
文山
普洱
河口
景洪

昆明市中心部

昆明理工大学
建設路
雲南民族大学
民院路
龍泉路
環城北路
昆明北駅
一二一大街
圓西路
雲南師範大学
雲南大学
昆明動物園
北門街
文化巷
文林街
2番目の住居
好順路農貿市場
圓通街
翠湖公園
東風西路
銭局街
3番目の住居
北京路
雲南省政府
日本雲南聯誼協会昆明支部
省図書館
人材市場
人民西路
昆明女子中学
小西門
人民東路
正義路
人民中路
最初の住居
五一路
環城西路
南屏街
青年路
西昌路
東風東路
省博物館
春城路
正義路
環城東路
北京路
金碧路
金馬広場
拓東路
東寺街

まえがき

　中国には高校生の頃から興味を抱いていた。80年代初頭まで中国は「閉ざされた国」で、一般人は入国することができなかった。改革開放が始まってようやく門戸が開かれたが、こちらは社会人となり仕事が忙しく、本で読むか、もっぱらテレビの特番で中国の風景や人々の生活を大いなる驚きをもって見るだけであった。

　2000年の秋、初めて中国を訪問した。友人の一人がJICAの農業専門家として四川省成都《チャンドゥ》市に赴任して間もない頃だったと記憶する。その友人が「中国を見に来ないか」と誘ってくれた。それがきっかけで、好奇心旺盛な中高年のオヤジ10数名とともに上海、成都，北京《ペイジン》を4泊5日の駆け足で巡ったのが中国初体験だった。当時、改革開放が本格的に動きだした頃で、上海の街頭に立ったとき、街全体が地の底から揺れ動いているかのような喧騒に衝撃を受けた。まさに見ると聞くとは大違いだった。以来、暇を作っては中国各地を巡った。

　雲南《ユンナン》省を初めて訪れたのは07年の夏だった。少数民族の教育支援を行なっているNPO法人日本雲南聯誼協会の現地活動に同行させてもらい、麗江《リィジャン》，香格里拉《シャングリラ》、徳欽《ダーチン》（チベットに近い雲南省最北の宿場町）を9日かけて巡った。香格里拉では標高2000mの山中にある小学校に泊めてもらった。わずか2日間の短い滞在ではあったが、村の人が作ってくれたご飯を食べ、村の人と言葉を交わし（と言っても、こちらは中国語を話せないし、村人の多くは少数民族の言葉しか話せないので、双方ともに身振り手振りの対話だったが）、その生活を五感で感じ、雲南の人々やその生活風景にハマってしまった。その後毎年雲南を訪れ、好奇心は病膏肓にまで高まり、09年に留学を決意するに至った。

　2010年9月6日。韓国の仁川《インチョン》空港を経由して、雲南省都の昆明《クンミン》市に到着。既に何度も訪れている街だが、今回は見慣れたはずの景色がやけに新鮮に輝いて見えた。多分、観光客としてではなく、雲南師範大学の「対外漢語《ドイワイハンユウ》教育学院」に留学し、実地生活をする一人旅ということで、緊張していたせいかもしれない。空港に聯誼協会昆明事務所の林娜《リンナ》女史が迎えにきてくれていて、正直ホッとした。

　この前の年、初鹿野恵蘭理事長に留学の話をしたとき、「是非、行きなさい。協会がバックアップするから」とスタッフ共々背中を押してくれた。その優しい、否、甘い言葉に乗って、昆明にやってきたのだが、後日、「昆明特命支部長」という名刺が届いた。つまり、「昆明に行ったら協会の手伝いもちゃんとしなさい」ということだろうと推測して、有り難く拝命した。

翌日、昆明事務所の王海琳《ワンハイリン》さんに付き添ってもらい、雲南師範大学を訪問。６月に下見をして漢語教育学院の場所も学務課の部屋もわかっていたので、迷うことなく学務課に着いた。早速、入学手続き開始。まずは電子入学申請書に必要事項を入力し、それをプリントアウトしたものを学務課に提出。次に、学費6500元を会計課に納入。その領収書とともに写真２枚を再び学務課に提出し、別室で３冊の教科書を受け取って、入学手続きは完了。意外なほど簡単に留学生になれてしまった。

９月８日。昆明事務所で林さんがインターネットを使ってアパートの空き物件を検索してくれ、大学にも事務所にも便利で、繁華街に近く、セキュリティーが確保された物件を探してくれた。その中から、市中心部の「宝善街《バオシャンジェ》」に２ヶ所の候補物件を見つけてくれたので、とりあえず見に行った。

いずれも「公寓酒店」と呼ばれるもので、「公寓」はマンション、「酒店」はホテルの意味。ホテルの１室をアパートとして長期借り上げることで、１泊当たりの宿泊料金は超格安になる。ホテルと同じ設備・サービスを受けることができるので、便利ではある。

紹介された物件はどちらも新築中のもので、場所の優位性もあって、いずれも一ヶ月2300元から2500元という家賃だった。こちらの予算は1000元以内。あっけなく諦めた。２年前の家賃相場は800元から1000元くらいだったが、経済発展が始まった昨今、1500元から2000元に跳ね上がったそうだ。

アパート探しに頓挫して、王さんともども意気消沈して事務所に戻ると、林さんが事務所のすぐそばに１件、出物を見つけたと言う。夕方、その大家さんが部屋を見せてくれるというので、林さんに伴われて行ってみた。

そこは、事務所から徒歩５分ほどの場所で、目下、建築中のマンション団地の一角だった。部屋に入った途端に気に入った。小さなキッチンとシャワーと水洗トイレを備えた、小奇麗な１ルームだった。前住者が冷蔵庫と洗濯機を残してくれていたので、自炊生活が可能だった。インターネットもすぐに使えると言う。但し、家賃は１ヶ月1600元。６ヶ月契約で全額前金払いが条件だった。予算を大幅に越えていたが、滞在中の生活費を節約することにして、前金7000元を支払って契約した。こうして「昆明市上東城区13幢12楼03号」が私の住居となり、生活の拠点を確保することができた。

新学期の授業は既に始まっていたが、私のクラスは月曜日から木曜日の４日間で、週末は３連休だった。そこでこの３日間で生活態勢を整えることにして、とりあえず部屋を掃除。午後から自活に必要な最低限の道具を買い揃えることにした。結構使い道のありそうな鍋が部屋にあったので、フライパン・小鍋・皿・カップ・スプーン・フォーク・お箸・布巾などを近くのウォールマートで手に入れた。ついでに若干の野菜や果物も手に入れ、当面の自炊生活の態勢が整った。

９月13日。２週間遅れて初登校。緊張して教室に入ると、既にクラス全員が揃っていた。私の顔を見るなり「ニーハオ」の合唱とともに笑顔で迎え入れてくれた。

かくして未知の人々との出会いと雲南冒険生活が始まった。

迪慶《ダアチン》蔵族自治州は雲南省の北西部にある。一帯がヒマラヤ山脈の東端にあたり、海抜5000メートルを超える山脈が三重に連なり、山脈と山脈に挟まれた深い峡谷の底をアジアの３つの大河、金沙江《ジンシャジャン》（揚子江）、怒《ヌウ》江《ジャン》（サルウィン川）、瀾滄江《ランツァンジャン》（メコン川）の源流が平行して流れているところから、“三《サン》江併流風景区《ジャンビンリョウフォンジンチュ》”と呼ばれる世界自然遺産に登録されている。かつてチベットの拉薩《ラサ》と結んだ主要交易路“茶馬古道《チャマグダオ》”がここを通っていた。この地方を治めた権力者は丈夫なチベットの馬を求め、チベットの人々は滋養豊富且つ美味しい雲南のお茶を求め、交易が活発に行なわれた。切り立った断崖に穿たれた一筋のか細い道は、馬１頭がようやく通れる程度の道幅しかない。落石と転落と盗賊に襲われる危険をかいくぐり、多くの人と物資が往来した。いまは国道214号線となり、大型トラックや長距離バスが土埃を上げて頻繁に往来している。

農村の子どもたち

　老村《ラオツン》は、凸凹路を揺られて、いくつもの谷を下り山を登り、段々畑を見下ろす山の頂上にあった。学校の周辺におよそ20戸ほどの農家が肩を寄せ合うように暮らす、小さな集落だ。以前はトウモロコシを栽培していたが、ここ数年来の干ばつで全滅してしまい、手っ取り早く現金収入を得るためにタバコの栽培に転作した。それでも年収6,000元に満たない農家がほとんどで、1軒当たりの耕作地が少ない農村では、出稼ぎに行かざる得ないのが実情だ。

　雲南省では2011年から小学校の制度改革が始まり、山間僻地の学校は麓の大きな町の“中心小学校”に統合され、山奥の学校は廃校になったところもある。老村小学校も以前は1学年から6学年までの“完全小学校”だったが、いまは4学年以上は麓の甸沙《ディエンシャ》の町の“中心小学校”に寄宿し、就学前児童と3学年までがここで学んでいる。

　小学校の大きな鉄の門をくぐると、校長先生と若い女性教師が出迎えてくれた。校長先生は公募で選ばれた一般人だそうで、若い女性の先生はいずれも臨滄《リンツァン》にある教員養成学校の出身で教師歴1、2年。校長以下教師全員が学校に住み込み、土曜日には交代で、片道3、4時間の山道を子どもとともに歩いて自宅を訪問する。その日は生徒の家に泊めてもらい、日曜日の朝、再び子どもを連れて学校へ帰ってくる。個人的な時間がとれるのは日曜日の午後の数時間のみ。大きな町に出るには、バス停のある道路まで何キロも歩くか、運良く通りかかったトラックの荷台に乗せてもらうしかない。山間僻地の教師は夏休み以外は無休。年頃の女性といえども都会の華やかさなど無縁の生活だ。昆明市内から100キロ足らずの場所にもかかわらず、発展から取り残された学校や農村がまだまだ数多く存在する。

観光客の喧騒を逃れて路地に入ると、ベンガラ色の軒下で女の子が１人、宿題に精を出していた。

2　暖かい場所

囲炉裏端は一家のキッチン兼ダイニング。湯を沸かし、料理を作り、客をもてなす。雨の日には子どもたちの安全で快適な遊び場にもなる。

村は刈り入れの最盛期を迎えていた。夕暮れ間近、幼い姉と
弟が麦干しをしながら、両親の帰りを待っていた。

3　幼い姉弟

昼下がり、幼い少女が校門の狛犬を枕にまどろみ、長閑な時が流れていた。

4　お昼寝の時間

刈り入れが進む広い広い麦畑の一隅、幼い少女がちょこんと座って微笑んでいた。

5 休憩中

授業開始のベルが鳴ると子どもたちは教室へ戻って行った。
様子をのぞくと名残惜しげな視線がかえってきた。

6　老村《ラオツン》の男の子

小雨模様の昼休み。昼食を終えた子どもたちは、ドロンコになるのもお構いなしに遊びに興じていた。

村を上げての歓迎会は昨夜遅くまで続いた。早朝、ようやく空が白み始めた頃、子どもたちが後片付けに奮闘していた。

8　早上好《ザオシャンハオ》（おはよう）！

ほとんど外界との接触がない農村の子どもたちは、村を訪れる見ず知らずの客に興味津々。客が外国人なら尚更だ。

9　白雲《バイユン》村のワンパク軍団

独自の言語と文化の中で育った少数民族の子どもたちにとって、いちばん大切な勉強は「北京語」と算数。社会で生きて行くために欠かせない。

10　木杆《モゥガン》村の女の子

山間僻地の農村は“ 閉ざされた世界 ” でもある。子どもたちは
教育によって“ 山の向うの世界 ” を知る。

11　夢は警察官

普段オモチャや遊び道具のない子どもたちはゴム風船に大喜び。狭い校庭に子どもたちの歓声が響いていた。

12　茂頂《マオディン》村の少女

鼻水、泥爪、日に焼けた顔、60 年前の私自身が目の前にいた。

13　茂頂村の男の子

茂頂村には電気も、ガスも、水道もない。日が暮れれば懐中電灯かろうそくの薄明かりの中でしっかりとご飯を食べ、夜が明ければふんだんに流れる湧き水で歯を磨き、顔を洗う。朝の水はちょっぴり冷たいが、目覚ましには充分な効果を発揮する。

村の坂道で少女とすれ違った。「ニーハオ」と声をかけたら振り向き様に笑顔が返って来た。

15　微笑み返し

子どもたちの好奇心は尽きることをしらない。初めて見るカメラが不思議で、不思議で……。

農村は急速に変化している。20 年後、この子どもたちはどんな
暮らしをしているだろうか。

待ちに待った新校舎の開校式の日、われわれの到着が遅れ、
子どもたちは待ちくたびれてしまった。

18　待ちくたびれて

山間僻地の子どもたちにとって身体検査は初めての経験。おっかなびっくりがすぐに興味津々に。どの子にも異常はなかった。

19　生まれて初めての視力検査

香格里拉《シャングリラ》高原の入り口には青空とピンク色の大地が広がっていた。養蜂作業をする大人の横で、民俗衣装を着た少女が日傘を回しながら遊んでいた。

20　香格里拉高原の花畑

今日の授業は終わり。子どもたちが家へ帰って行く。遠い子どもはこれから２時間、山道を登る。

21　明天見《ミンティエンジェン》（また明日）！

車窓に赤土の段々畑が延々と続く。眼下に甸沙《ディエンシャ》郷の中心集落を見下ろす山の中腹からの眺めは、まさに“壮大”の一言であった。目の前に赤土の山が稜線を広げる大パノラマ。その山肌に幾筋もの棚田が山頂近くまで重なっている。まるで地図の等高線をそのまま大地に描いたかのようだ。昆明市内から 100 キロ足らずの絶景にしばし圧倒された。

農村の人々

迪慶《ダーチン》蔵族自治州の州都、香格里拉《シャングリラ》からマイクロバスで国道214号線を北上することおよそ5時間、車窓から見える荒々しい山肌にうっすらと緑色の帯が走っていた。どうやら緑青が吹き出しているらしい。この一帯は銅や銀などの地下資源の宝庫と言われ、この地域の中核都市、羊拉《ヤンラー》では銅鉱山の試掘が既に始まっているらしい。近い将来、この凸凹路は整備され、大型トラックや長距離バスが行き交うようになるだろう。そして、自給自足に近い生活をしてきた農民の生活も大きく変わるのだろう。

国道から大砂塵を巻き上げながら県道に入り、金沙江《ジンシャジャン》（長江の源流）に沿って、国道以上に劣悪な凸凹路をさらに北上することおよそ2時間。谷間の1軒の農家の前でようやく解放された。が、ここでマイクロバスから四輪駆動車に乗り換え、今度は険しく急な山道を登る。垂直に切り立った断崖をただ削っただけの凸凹路は車1台がようやく通れる道幅しかない。ガードレールはない。車輪の20センチ向こうは奈落の底だ。スリルは満点以上、景色を楽しむ余裕などない。ただただ無事を祈って、車の揺れに身を任せるのみである。

四輪駆動車の天井に何度か頭をぶつけて登って行くと、緩やかな斜面に目的の集落、“茂頂《マオディン》村”があった。この村には西蔵（チベット）族の人々が何百年も前から暮らしている。いまだに電気も、水道も、ガスもない。医者もいない。病院もない。ちょっとした怪我や病気が生命の危機を招くこともある。町の豊かさや便利さ、快適さとはまったく縁のない世界だ。だが、人々は自然の移ろいの中で、先祖代々育んできた“生きる知恵”を術に、“大地の恵み”を糧に、しっかりと生きている。陽に焼けた顔、無骨な手、たくましく生きる、魅力的な人々が暮らしていた。

22　農民哲学者

激動の時代を生き抜いた老農夫の顔は哲学者の趣きさえ感じさせる。老人は現代の繁栄をどうとらえているだろうか。

香格里拉《シャングリラ》の街角では、籠を背負った女性をたくさん見かける。籠はどれも結構な大きさで、相当な重さの荷物を運ぶことができるようだ。赤ちゃんを入れている人もいた。荷物籠になったり、おんぶ籠になったり、実用本位の生活道具なのだろう。

23　ナシ族の母娘

24 香格里拉の市場

歓迎の宴は夜になっても続いた。村に1台しかない発電機をまわして電球を灯し、子どもたちも先生も村人もこぞって踊りの輪になった。満天に星明かりがきらめく頃、近隣の子どもたちはトラックの荷台に載せられて帰っていった。

25　歓迎会の夜

町からの帰りなのだろう、街灯も民家もない真っ暗な山道をトコトコと走っていた。

26　家路を急ぐ若夫婦

村の中を散策していると、おばさんが「おいで、おいで」と手招きしてタバコを１本すすめてくれた。中国式歓迎の挨拶だ。

27　ワ族の女将さん

耻ずかしさからか怖さからか、男の子はおばあちゃんの背中に
隠れてもなお私を見ていた。

28　清平《チンピン》村のおばあちゃんと孫

棚田で有名な元陽《イェンヤン》の街は、急勾配を上る国道の両側に商店が並び、朝もやの中を人々が動き始めていた。

29　元陽の朝飯屋さん

農村地域では今なお定期市が行なわれている。衣類、農具、工具、野菜、肉、修理屋さん、およそ生活に必要なものは大概手に入る。買い物風景をのぞいてびっくり、なんと、物々交換が行なわれていた。

30　農村市で出会ったおじさん

標高 4000 メートルの峠越えを前に、人も車も腹ごしらえ。どれほどの旅人を迎え見送ったのか、食堂の女将さんがとびっきりの笑顔で見送ってくれた。

31　奔子欄《ベンジラン》の食堂の女将さん

娘さんはわれわれの給仕を済ませると洗い物にとりかかった。
雲南の女性はよく働く。

32　宿場食堂の看板娘

通りの一角で尼僧がバスを待っていた。深紅の袈裟にお腹
のクリップがなんともお茶目で可笑しかった。

33　バスを待つ尼僧

チベット寺院の境内に入ると、強い日差しを避けるように、
僧侶と村人が庇の下でなにやら語らっていた。

34　飛来寺境内にて

温泉の町、弥勒《ミラ》で出会った武《ウ》さんは、強面とは裏腹の心優しいおじさんだった。

35 弥勒の運転手、武さん

李さんは、賑やかな市場の中でも一際賑やかに笑っていた。

36
墨江《モウジャン》市場の肝っ玉母さん、李《リ》志秀《ジシュウ》さん

農村の小学校は先生も生徒も学校に寄宿している。先生は子どもたちの親代わりでもある。

37

副校長の彭春華《ポンチュンホア》さん

子どもが大好きで教師になった程さん。優秀な教師になることが夢だと言っていた。

38 新任教師の程馨雨《チョンシンユウ》さん

中国はいま旅行ブーム。“ ディスカバー・ウンナン ” といったところかもしれない。大理古城区の本通りから少し下った酒場の入口で “ ムンク ” が観光客相手に CD を売っていた。

39　Monk

Mr. フレンチの酒場には昼間から、芸術家、観光客、実業家、アメリカ人、ポーランド人、フランス人、そして外国に憧れる中国人と、いろんな人がやってきた。

40 Mysterious woman

「翠湖《ツイフウ》」の名前は昆明市民ならばだれでも知っている。中心市街の五華《ウーホア》区にある周囲3、4キロほどの小さな池で、周囲は遊歩道が整備され、私も毎日のように歩いた。周辺一帯は古くからの行政地域で、辛亥革命当時の歴史遺構が数多く残されている。かつては昆明の水瓶の役目を果たし、20世紀初頭には五華区一帯に水道網が設けられた。現在は水瓶の役目を終え、公園として市民に親しまれている。この翠湖、なぜかわからないが、中国大陸の奥の奥にあるにもかかわらず、11月になると海鷗《ハイオウ》（カモメ）が大挙して飛来し、冬を越す。昆明の冬の風物詩になっている。

昆明人

駠染みになったカフェバーのオーナー、呂文博《ルゥウェンボウ》氏が一族の年越し晩餐会に招待してくれた。彼の家では、「春節《チュンジェ》」の前夜、「除夕《チュウシー》」には一族が揃ってご馳走を囲んで、団らんするのが慣習だそうだ。日本のような初詣はないが、「お年玉」に相当する「紅包《ホンバオ》」という習慣がある。彼が子どもの頃は100元貰ったそうだが、現代は1000元が通り相場だそうだ。金額は彼の一族の話かもしれない。

彼が経営する中華料理店は北京路《ベイジンル》を北に行った、金星立交橋《ジンシンリュウジャオチャオ》のすぐ側にあるお茶の問屋街の一角にあった。とても立派なお店である。次から次へと料理が運ばれてくる度に、一族の方々が「遠慮は無用。どんどん食べろ」とわれわれの皿に料理を取り分けてくれる。これが中国流のおもてなしである。

アヒルのレバーペーストと山葵醤油の絶妙な美味しさに舌鼓を打ちながら、「いまいちばん大切なものはなんですか」と叔父さんに聞いてみた。叔父さんは右手の親指を人差し指と中指の肚にこすり合わせて「銭《チェン》」と笑った。義理の弟さんは「家族の安全と健康」と言っていた。他の人たちからも「健康と平穏」という答えが返ってきた。ある程度の経済的豊かさの中で平穏無事に過ごしたい、という願いは万国共通した意識のようだが、それさえ「持てる人」と「持てない人」がいる。昆明の街を歩いていると、中国はさまざまな矛盾を作り出しながら、急速度で転がっているように感じられる。

呂氏はごく近い将来にもう1軒別のレストランを開きたいと言っていた。最高のライブ音楽と最高の西洋料理を楽しめる超高級レストランだそうで、単なる夢ではないようだ。奥さんは日本に行ってみたいと言っていた。北海道で温泉に入るのが夢だそうだ。日本の温泉は「裸で入る」と説明したら、「え、えぇ」と目を丸くしていた。

12時少し前、待ちきれなくなった連中だろうか、打ち上げ花火を連発し始めた。それが呼び水になったのか、四方八方から打ち上げが始まり、昆明市内は一大花火大会と化した。アパートの通りでも花火と爆竹が鳴り響き、窓のすぐ向こうで大輪の花が咲いた。

麻雀、将棋、トランプは昆明人の三大娯楽。この5年程でカラオケが上位に食い込んで来た。

42 大理食堂のお茶目な娘

「大理食堂」はわれわれが勝手に名付けた。老板《ラオバン》夫婦がいつも笑顔で迎えてくれた。

43

翠湖《ツイフウ》の日曜日

翠湖公園は庶民の憩いの場。日曜日にはさまざまイベントが行なわれ、大勢の市民で賑わう。

完《ワン》さんは社長を夢見る18歳。写真を撮らせてほしいと頼んだら、途端に背筋が伸びた。

44 師範大学の警備員氏

翠湖公園で出会った李さんは生活の糧を得るために似顔絵を描いていた。

45 画家

孫さんとはタバコが縁でことばを交わした。以来、私の一人暮らしを気遣ってくれて、ご飯を食べさせてもらうようになった。

46　孫天同《スンティェンドン》夫妻

カフェのテラス席は絶好の人間観察点。昆明でも「業界人」は一目瞭然だった。

47　テレビレポーターの張《チャン》さん

昼飯を簡単に済ませたいときは米线《ミシエン》か包子《バオズ》。米线は並盛り6元、包子は一笊8個で7元。
そのどちらも食べられる天津食堂は馴染みの店になった。

48 天津《ティエンチン》食堂の老板《ラオバン》夫妻

いつも行く天津一絶の小吃店。先客の中学生が小龍包の蒸籠を 16 段も積み上げて、無邪気にはしゃいでいた。

Kawana Cafe は店の雰囲気が気に入って常連になった。オーナーの呂氏夫妻は偏見のない人たちだった。

50

呂文博《ルゥウェンボウ》夫妻

正義路《ジョンイル》の Kawana Cafe にはいろんな若者がやってくる。二人は雲南芸術大学で水墨画の美術史を専攻する学生だった。

51　美大生

達菲さんは内モンゴルから雲南大学日本語学科に入学した。日本語弁論大会で知り合い、現在も WeChat を通じて交流している。

達菲《ダーフェイ》さん母娘

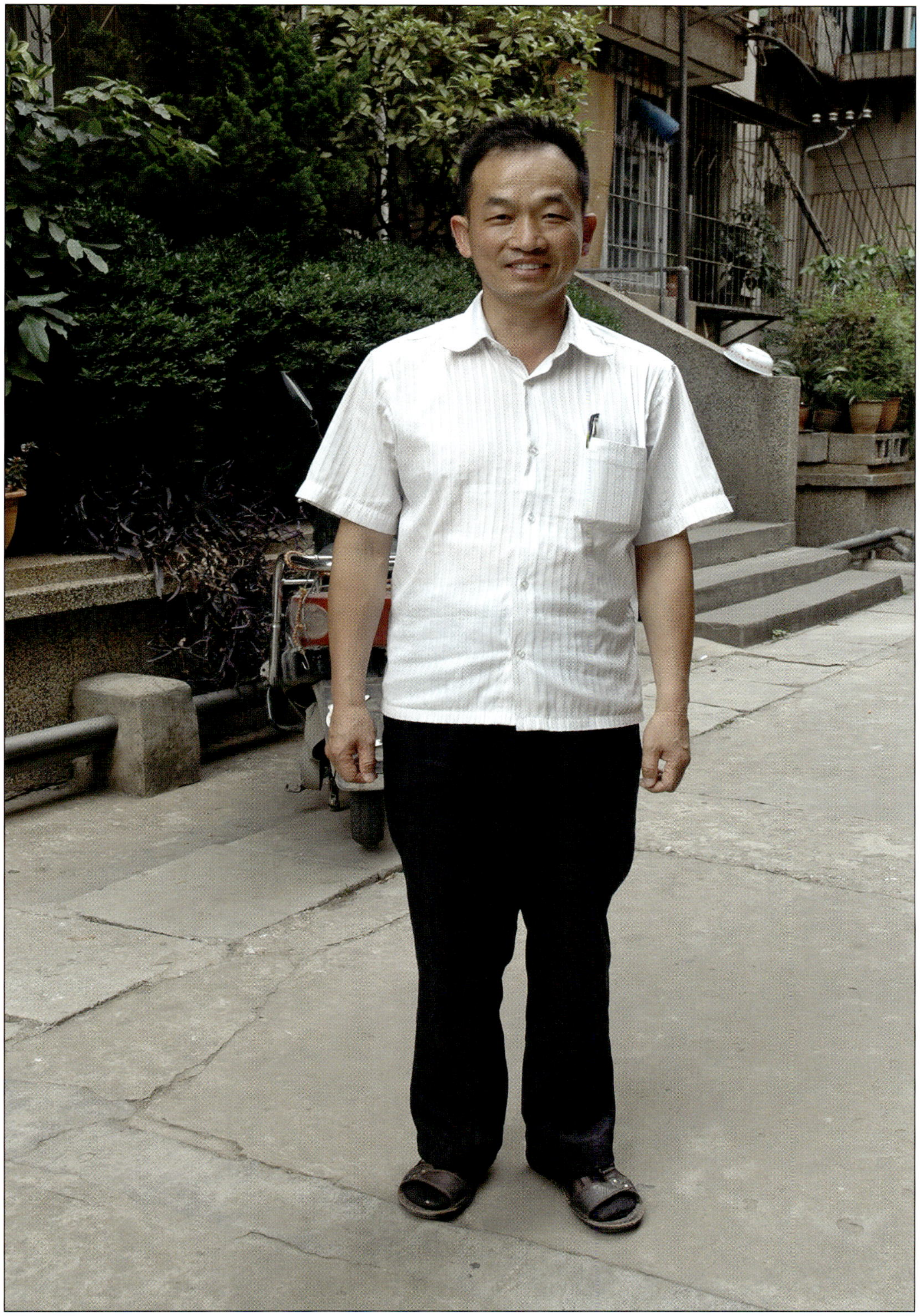

53
肖偉《シャオウェイ》さん

肖偉さんとは日本語交流会で知り合った。肖氏曰く、「いつも文林街を通るでしょう?」と。
なぜ日本人とわかるのかと聞くと、「歩くのがとっても早いから」ですと。

54 水屋の顧《グ》さん

水屋の顧さんは約19リットルのタンクを担いで3階まで届けてくれた。

55　大理食堂の老板《ラオバン》親子

しっかり腹を満たしたいときは大理食堂に通った。ポピュラーな魚香肉糸《ユーシャンロースウ》定食12元、一品料理の糖醋魚《タンツウユウ》25元。食材を選んで調理してもらうので嘘がない。

春蕾生に将来の夢を問うと、誰もが「国や社会、故郷に貢献できる、役立つ人間になりたい」と言う。「ボーイフレンドはいないの？」と質問したら、全員が即座に「いませ〜ん！」と声を上げて笑った。

56　卒業式を迎えた春蕾《チュンレイ》生

57　王東玲《ワンドンリン》さんと同級生

学生老師の王東玲さん（右から二人目）は２０１４年に大学院へ進み、タイ国の大学で中国語を教えながら修士論文を書いている。

初級C班はなぜか気が合った。Meili（左）はタイのバンコクに戻り銀行員として、Chingqing（右）は師範大学でMBAを取得し、チェンマイの日系食肉加工会社で活躍している。

車さん一家（前列）とクラス担任の楊丹《ヤンダン》老師、韓国の明智、オランダのロバート、キリギスのホスノロ、スウェーデンのオリビア、ロシアのデニス、Meili と Chingqing（後列右から）。

麗江古城《リージャングーチャン》区は10数年前に直下型大地震に襲われ、歴史的にも文化的にも価値のある、美しい街並が大きな被害を受けた。市民の努力と国際的な支援によって再建され、世界文化遺産に登録された。以来、観光客が押し寄せている。

早朝、観光客がまだ眠っている頃、石畳を掃き清めるおばさんの横を小学生が眠たげな顔つきをして通り過ぎて行った。透き通った空気の中、町家の板戸に朝日が反射して金色に輝き、路地はつかの間の素顔を見せてくれた。

我在昆明

人生初の自炊生活

昆明に来て以来、暇つぶしと自己管理と備忘録を兼ねて、毎日「家計簿」をつけている。なにせ永年すべてカミさん任せで、その上にドンブリ勘定が身に染み付いているので、タガを外さないための防衛策でもある。当初、住居費が目論みをオーバーしてしまったので、日々の生活費をできるだけ節約することにし、1日の生活費を50元に設定した。「千円亭主」ならぬ「650円亭主」である。

物価の安い中国では、すべて外食にした場合でも1日30元あれば十分に可能だが、いくら中華料理が好きだとは言え、毎日3食ともに米线《ミシェン》、餃子《ジャオズ》、包子《バオズ》では必ず飽きがくるだろうし、いわんや高級中華料理に舌鼓を打つなど贅沢は敵である。体調維持の上からも、口に馴染んだ味覚がなによりと考えて自炊をしている。「食」は一人生活の侘しさを紛らわす楽しみでもある。大学から帰ってくる道すがら献立を考え、材料を考え、手順を考え、材料を購入し、調理をし、食後は皿洗いをし……。しかしながら、後片付けまですべて自分でやらなければならない。宿題もしなければならない。元来、料理は好だし得意な方ではあるが、毎日のこととなるとまた別である。喜んでくれる人もいないし、癪だからときどき料理の出来栄えを自画自賛しながら食している。私は料理の天才だ！

自活には、もう一つ面倒くさい仕事がある。洗濯である。いや、洗濯そのものはさして面倒ではないが、干して、たたんで、収納するのが面倒だ。ある日、洗濯物をたたんでいてふと思い出した。昆明に来る前のこと、家人が洗濯物を持ってきて、「ハイ、お願いします」と私に手渡した。私はなにも考えずにそれをたたんで自分の引出しに入れたが、あれは今日のための予行演習だったようだ。

農民市場ともう一つの“市場”

昆明では「購物広場《グォウグァンチャン》」（ショッピングセンター）、「超市《チャオスゥ》」（スーパーマーケット）、「便利店《ピェンリデェン》」（コンビニ）、「農民市場」などで食品・日用品を手に入れることができる。普通の食材は市場で手に入れることができるし、バターやコンソメ、パスタ、マヨネーズ、日本のうどんなどは、大型スーパーの「沃尔玛（ウォルマート）」か「家楽福（カルフール）」で手に入れることができる。野菜類・果物類などの生鮮食品は農民市場の方が圧倒的に安くて新鮮である。ウォルマート、カルフールでは海の魚も売っているが、種類は少なく、なお且つ冷凍物がほとんどで、生の魚は大変に高額である。

私のお気に入りは大学の近くにある「好《ハオ》順路農貿市場《シュンルノンマオ》」だ。ここでは野菜・果物・肉・淡水魚のほか惣菜も手に入る。市場の中程に肉屋さんと八百屋さんが向かい合っているところがあって、八百屋のおばさんと顔なじみになったお蔭で、少量でも分けてくれる。その向かいの肉屋のおばさんは行くたびに肉は要らないのかと聞いてくる。大根１本５元、タマネギ（直径７、８センチ程度）３個で５元程度、春菊１束（日本の倍の量がある）３元程度、豚肉 300 グラムで７元程度である。私の好物の香菜は１束１元で日本の 10 倍以上の量があって、一人暮らしでは食べきれない。

面白いことに市場でもスーパーでも、すべて「量り売り」である。スーパーではパックされたものもあるが、ほとんどの市民は肉でも魚でも自分の目と手で確かめた後に袋に詰め、それを計量係のカウンターに持って行って金額ラベルを貼付けてもらい、出口のカウンターで料金を支払う。市場ではその場で計量し現金を支払う。いずれにしても必要な量だけ買うので無駄が少ないように思える。日本のように「レジ袋」のサービスはない。袋代は 0.5 ～１元。ほとんどの市民が自前の買い物袋を用意している。

通学バスの下車駅である五一路《ウーイール》のすぐ側に、「雲南人材市場」という建物がある。日本の「ハローワーク」と同じような場所らしい。中国にも日本の失業保険に相当する制度があって、失業期間中に一定の所得補償が受けられ、職を紹介してもらうことができる。昆明市内は目下、経済成長の最中にあって求人は多いが、雲南省全体から出稼ぎが増え、希望通りの職を見つけるのはなかなか難しいらしい。賃金格差も広がっているようで、中卒高卒で月額 1000 元（大半が衣料品店・飲食店の店員さん）、大卒で 1800 ～ 2000 元が相場のようだ。もちろん、職種によっても違う。中卒高卒でも専門職で 2000 元以上、大卒で 3000 元以上というものもある。月額家賃が 1500 元を越える今日、月に 2000 元の給料では仕送りはおろか生活費さえ賄えないのではないだろうか。地方から出稼ぎにきている人にとっては、都会はいずこも華やかな魅力はあるものの、生活をするには困難が多いようだ。それにしても「人材市場」とは、何とも言い得て妙な名前である。バスの車内放送では「human resource center」と言っていた。

昆明の豊かさと貧しさ

昆明市街区のほぼ中央、雲南省政府庁舎の正面から南へ伸びる正義路《ジャンイール》と昆明を東西に走る東風路《ドンフェンル》が交わる一帯が昆明随一のショッピング街、南屏街《ナンピンジエ》である。クリスマス・イヴの夜、日暮れとともに南屏街広場はとてつもない数の群衆で埋め尽くされ、誰彼なしに人工雪のスプレーを吹き付け合う瘋狂《フォンクァン》（キチガイ沙汰）と狼藉《ランジ》（無法な行為）の修羅場と化す。その多くは貧しさを知らない「９０后《ジョウシュウホウ》（1990 年以降に生まれた世代）」の若者たちである。

この南屏街広場の一角に高級デパートの王府井百貨《ワンフゥジンバイフォア》が数年前にオープンした。そのガラス張りの高層ビル（私は「昆明の六本木ヒルズ」と呼んでいる）の中には、グッチやルイヴィトン、アニェスベーといった高級ブランド店やオートクチュールの店がずらりと並んでいる。いったい１日の売り上げがいくらくらいあるのかしらないが、高級ブランド品が売れているのは確かなようで、地方都市の昆明にも今やブランド志向の熱波が押し寄せている。

その南屏街から西に少し行ったところに「翠湖《ツイフウ》公園』がある。雲南師範大学からは東南に 10 分程の近さなので、毎日の朝夕、湖畔の遊歩道を通学路にしている。周囲４キロほどの、小さな湖というよりは池に沿って遊歩道と並木が奇麗に整えられ、３ヶ所から池の中程にある島へ歩いて渡ることができる。

この翠湖公園、何故かはわからないが、内陸にあってしかも淡水の池にもかかわらず、冬になると海鴎《ハイオウ》（カモメ）が大挙してやって来て、昆明市の名物になっている。遊歩道は早朝から日暮れまで、ジョギングをする人、バドミントンをする人、海鴎に餌を与える人、散歩をする人で賑わい、週末ともなると遠隔地からの見物客もやってきて、湖を１周する一方通行の道路は自家用車で大渋滞となる。車列をよくよく観察してみると、日本のトヨタやホンダ、スズキ、マツダはもちろんのこと、韓国の現代、欧州のワーゲン、アウディー、ベンツ、BMW に混じってポルシェやフェラーリがとまっている。ここを眺めているだけで中国の高度成長、昆明人の豊かさを実感することができる。

昆明のバス

通学や買い物に市営バスを活用している。バスに乗ると昆明人になったような気がする。昆明市内の道路は、朝夕、自動車と電気バイクと歩行者が入り交じった大ラッシュアワーと化す。通常ならば 15 分で行けるところがラッシュアワーにかかると 40 分、1時間は当たり前の事態となる。有資産階級が増え自家用車が増える中で、庶民の足はもっぱら路線バスである。東西南北に数百の路線が通じていて、どの路線も1回の乗車賃は1元もしくは2元。信じられないほどの安さである。安くて便利ではあるが、乗客のマナーははなはだよろしくない。先を争って乗車する風景に随所で遭遇する。「下車客優先」も「整列乗車」もない。その一方で、車内では老人に席を譲る光景を頻繁に目にする。私も何度か席を譲られたが、その都度丁重に辞退した。このことを昆明の友人に話したところ、「断ってはいけない」と諭された。相手の「面子《ミェンズ》」を立てるのが中国流の礼儀なのだそうだ。以来、ありがたく譲ってもらうことにした。

Bart Czyzewski

クラスで最初に仲良くなったのは、ポーランド人のバッドだった。本名はバルト・チゼウィスキーという。第2次大戦中、彼の祖父はユダヤ人ではなかったが、ナチスの迫害を逃れてイギリスへ脱出した。終戦後、祖国へ戻ると街は崩壊し共産主義の国になっていた。1989 年にその共産主義体制が崩壊。バッドは小学生だった。すべての価値観が覆り、ポーランド国内は大混乱に陥った。有能な電気技師だったバッドの父親は職を失い、イギリスへ出稼ぎに行かざるを得なくなった。ポーランドに残った母親は高校の教師をしながらバッドと二人の弟妹を育て、バッドは技術系の専門学校を卒業すると父親を頼ってイギリスへ渡った。だが、知識と技術を活かした職を手に入れることはできず、老人ホームの介護士、タクシー運転手、トレーラー運転手などの職を転々としながら弟妹の学資を家に送った。今世紀に入り、長引くイギリス経済の低迷にリーマンショックが追い打ちをかけ、加えて旧共産圏からの移住労働者に対する反発が拡大し、彼は 11 年暮らしたイギリスでの職を失った。祖国にも職はなく、発展を遂げる中国に可能性を託し、師範大学で中国語を勉強しながら仕事を探していた。彼の話を聞くとヨーロッパ社会の実情がよく理解できた。

留学1年目が終盤を迎えた6月の中頃、バッドは四川省成都《チャンドゥ》市の語学学校に英語教師の職を見つけたと、勇躍旅立って行った。が、1週間ほどして戻って来た。事情を詳しくは質さなかったが、どうやら就業条件が折り合わなかったようで、ひどく落胆していた。それから間もなくして後期の授業が終わり、私は日本へ帰った。昆明空港のロビーにいるとき、別れの電話をくれた——平田といっしょに過ごせて嬉しかった、受けた恩は忘れない、とシンミリしていた。私は「元気でがんばれ！いつか、どこかでまた会おう」としか言えなかった。9月に昆明に戻った際、連絡を取ろうと試みたが通じず、結局バッドとは以後まったくの音信不通になってしまった。

青年実業家

ある青年実業家と話をする機会を得た。約束の夜、彼は翠湖公園のすぐそばにある高級レストランの、しかも VIP ルームにわれわれを案内してくれた。私ごときには少々気後れを起こしそうな、見るからに品の良いモダンな造りの個室だった。このレストランのオーナーは彼の友人で、彼はいつでもこの部屋を使うことができるのだそうだ。

彼の話では、今昆明では銀行がいくらでも融資をしてくれるので、若い人たちがどんどんと事業を興し、年収 2000 万円、3000 万円を稼ぐ人はそこら中にいるそうだ。彼自身は 30 歳そこそこの若さながら年収は5000万円を越え、アウディー４台とベンツ１台を所有していることを自慢気に語っていた。彼の睡眠時間は１日３、４時間程度、眠るのが惜しいし緊張で眠れないときもあるそうだ。近い将来に日本にも取引関係を広げて会社をもっともっと大きくしたいと言っていた。話の端々から現在の成功をもたらした「自信」とさらなる豊かさへの「野心」に燃えている様子がうかがわれた。彼の傍らで、公務員の兄上が「公務員の収入だけではやって行けない。弟に助けられている」と苦笑していた。数年前に公務員と民間人の収入が逆転したそうで、今や誰もが豊かな生活を求めて、大なり小なり投資をしたり副業を営んでいるという。その話を聞いて、私のマンションの大家さんも公務員だったことを思い出した。

青年実業家氏の話を聞きながら、かつての日本のバブル景気を連想した。そのことを彼に投げかけたところ、日本の轍は踏まないと自信気に語った。経済成長は新たな「階層」を生み出している。

コネと心付け

正義路の右側に正義門ショッピングモールがある。地下１階から３階まで主に若者を対象にしたブティックや小物のお店が並び、４階と屋上はステーキハウスやインド料理、イタリア料理、韓国料理などの飲食店が並んでいる。平日の夕方や週末には竹下通りを思い起こさせる混雑ぶりで、いまやポスト文革世代の２世が大量消費ブームを牽引する台車となっていることをうかがわせる。

このショッピングモールの一角に１軒のカフェバーがある。店の雰囲気が気に入って通っているうちにオーナーと親しくなり、いろいろな話を聞かせてもらった。彼もまた32歳の若さで、レストランとこのカフェバーを経営している。

中国の大学では、学生が「起業」を希望し、その実現性が認められれば起業資金を大学が融資する制度があるそうで、彼もそれを利用して現在の会社を起こしたのだそうだ。ところが、実際に会社を起こす段になると、監督機関へ開業許可の申請や会社登記に大変な時間と途方もない忍耐を要するそうで、ものごとを手っ取り早く処理するには「コネ」と「心付け」が欠かせないと言って片目をつぶった。就職するにしても会社を起こすにしても、父親のバックアップが欠かせないとも言っていた。父親の社会的地位や一族郎党のコネは有力な資産なのである。彼の祖父は昆明市長を勤めたほどの人物だった。

落馬高官

『生活新報』という新聞に興味を引く記事が載っていた。中国には１億円以上の「身家《シャンジャ》（資産）」を有する「楽退富豪《ラツイフハオ》（楽隠居の富豪）」が６万人以上いるそうだ。その多くが40歳、50歳代の投資家で、余暇にはゴルフを楽しみ、年に４回の海外旅行を楽しんでいる。旅行先のベスト２は美国《メイゴゥ》（アメリカ）と日本だそうだ。

一方、国内ニュース面に高級官僚による汚職事件の裁判結果が報道されていた。３千万元（約４億円）の収賄罪で死刑（執行猶予付き）及び私財没収の判決を受けた広東省政治協商会議主席を筆頭に、省の超高級幹部６名が死刑、４名が無期懲役刑の判決を受けている。汚職と売春は世界共通というが、公務員の汚職には誰もが辟易している。摘発された官僚を皮肉った「落馬《ルオマー》高官《ガオグァン》」の見出しに笑ってしまった。

「豊かになれるものから豊かになれ」と改革開放が始まり、昆明でさえ毎年来るたびに豊かに発展していることを実感する。だが、その傍らで地面に頭を擦りつけて物乞いをする人たちを毎日幾度となく目にする。その多くが身体に障害をもつ人たちだ。農村部、さらにその奥の山間部には、いまだに電気も水道も病院もない、都市の便利さや物質的な豊かさから遥かに取り残された人々がいる。それが現実だ。

懐かしい響き ―“中秋節”

９月22日から24日まで昆明は「中秋節」で華やいだ。かつて、中国は古い習慣や迷信などを非科学的なものとして全否定していた時期があったが、改革開放政策に転換してから、古くからの伝統的な祭りや習慣的行事などが復活している。日本では「秋分の日」と言うが、中国では「中秋節」という伝統的な呼称が残っている。あらためて「中秋」という文字を目にするとなんとなく懐かしく、「節」という表現にどことなく風情を感じるのは中国にいる所為だろうか。

そんな情緒的な話はさておいて、現代中国社会は大量消費社会である。中秋節には家族・友人・知人に「月餅《ユエビン》」を贈るのが習わしで、今や企業間の挨拶代わりとして欠かせない。日本の「お中元」や「お歳暮」といったところだろう。これを当て込んだ「月餅」販売合戦が至る所で繰り広げられていた。昆明一番の繁華街、南屏街《ナンピンジェ》の広場には臨時の販売所が設けられていたが、そのすぐそばで行なわれていた「七宝《チーバオ》」（清涼飲料水の“セブンアップ”のこと）のド派手な販促イベントに客を奪われて閑散としていた。

「月餅」自体も様変わりしている。大手菓子会社が作る当世風の大量生産品が幅を利かせ、伝統的な味と形の月餅が少なくなってきたそうだ。昔から続いてきた街場のお菓子屋さんがどんどん廃業しているそうで、伝統的な味を惜しむ人も多い。24日夜、大型スーパーでは、イヴを過ぎたクリスマスケーキ同様に投げ売りが始まっていたが、売れ残りが山をなしていた。

ロスト・ジェネレーション

国慶節休暇を利用して大理《ダーリ》に行った。居候させてもらった酒場にはいろいろな人がやってきた。主人は功利主義を追求する現代社会に幻滅してチベットに憧れるフランス人で、われわれは「Mr. フレンチ」と名付けた。常連さんは、チベット僧、アクセサリー作家のポーランド人、正体不明の中国人女性、アニメ大好きの中国人青年である。われわれが滞在中にフランス人親子、元ベド杯トレーナーと称するアメリカ人がそれに加わった。われわれはチベット僧を「ムンク」、アクセサリー作家のポーランド人を「Mr. ポーリッシュ」と呼ぶことにした。正体不明の中国人女性は自らを「ルーシー」と名乗り、アニメ大好き青年は「劉さん」と名乗った。いずれも大理の出身である。

ムンクは朝9時過ぎにやってきて、バーの軒先に音楽CDを並べて売っていた。どこから仕入れてきたのかわからないが、クラシック、ジャズ、ポピュラー、すべて中古の輸入もので、中には60年代の曲を収めた代物もあった。

人民路は日を経るごとに観光客が増え、宿の前も人の往来が絶えない。その多くが若い女性のグループで、大理古城区の地図を片手にワイワイと賑やかである。その姿を見て、40年前の「アンノン族」を思い出した。「中国版アンノン族」の出現は中国の経済成長が裾野を広げていることのなによりの証しだろう。残念ながら、ムンクのCD売りは好景気の波に乗り損ねたようだった。

Mr. ポーリッシュは、ムンクがCD売り場を整え終える頃、中国人の彼女と連れ立ってやってくる。バーの入り口の右側がムンクのCD売り場で、左側がMr. ポーリッシュの手作りアクセサリー売り場だった。材質はわからないが、細いながらもしっかりとした強さの糸を器用に素手で帯状に編み上げ、それに色とりどりの玉を織り込んだり、ぶら下げたりしてネックレスやブレスレット、アンクレットなどを作っていた。夜になると、バーの客の求めに応じて特製のピザを焼いて人気を集めていた。

Mr. ポーリッシュは東ドイツで生まれた。ベルリンの壁崩壊とともに東ドイツを無一文で追い出され、ポーランドに戻ったがポーランドも社会体制が崩壊。安住の地を求めてあちらこちらを彷徨い、5年前に大理に住み着いたのだそうだ。アメリカの拝金主義、物質主義を批判し、「中国に自由はないが、大理には自由がある」と言っていた。彼にとって大理は住み心地がよいのだろう、彼女との結婚を考えているとも言っていた。

夜、アニメ大好き青年の劉さんご招待の晩飯を堪能。劉さんは鉄工会社に勤めながらアニメ作家を夢見ている。日本のアニメはすばらしいと言い、中でも宮崎駿を尊敬し、日本に行きたいと言っていた。日本のアニメ文化は捨てたものではないぞ。思い切って、「日本をどう思っているのか」と聞いてみた。劉さん応えて曰く、「戦争は一部の人が起こしたもので、日本人民の責任ではない。今、中国で騒いでいるのは一部の人だ」と。

晩飯の後、面白いところへ連れて行くと言うので付いて行くと、そこはなんとカントリーミュージックのライブをやっている酒場だった。中国で、それも片田舎の大理でアメリカのカントリーを聞くとは思いもよらなかった。店の中は白人系の人たちで超満杯。路上に設けられたテーブルにも人が溢れていた。喧噪と熱気。ロングヘアーにバンダナ、絞り染めのＴシャツにジーパン、これはどこかで見たような……。さすがにアフロヘアーはいなかったが、70年代の“ヒッピー”がここにいた。10時を過ぎた頃、ルーシーがわれわれを探して現れ、ムンクまでやってきた。そのまま合流。劉さんが店に内緒で白酒を買ってきて、みんなでこっそり乾杯。隣り合わせた中国版アンノン族も巻き込み、再び三たびの乾杯。バッドとバイロンはここぞとばかりにナンパに励んでいた。確かに大理には自由があった。

20世紀後半、東ヨーロッパと中国の若者は価値観の崩壊を経験した。Mr. フレンチも、Mr. ポーリッシュも、大理のルーシーも劉さんも、もしかすると現代のロスト・ジェネレーションなのかもしれない。

物乞い

南屏街《ナンピンジェ》は春節《チュンジェ》（新年）の買い物をするたくさんの市民で賑わっていた。歩行者天国になっている正義路《ジョンイールゥ》の中程で高校生らしい男の子が二人、道路に膝まずき歌を歌っていた。なかなか上手い。近寄ってみると彼らの膝元になにか書かれた紙が広げてあった。読んでみると「母親が癌を患い手術をさせたいが家に貯えはなく、治療費が高く薬代も払えない。学校を中退して働き始めたが仕事はなかなかないし、あっても収入は生活費に消えてしまう。どうかみなさんの善意をお願いします」という内容だった。後日、同じ場所に別の母子が座っていた。「父親は元解放軍兵士で国に尽くし、家族は何不自由なく幸せに暮らしていた。が、父親が癌で亡くなり、今は収入もなくどん底の生活を送っている。恥を忍んでみなさんに支援をお願いします」というような内容の文書とともに、幸福そうな家族写真や父親の軍服姿の写真、身分証明書などが並べられていた。中国人の友人は「あれはニセモノの物乞い」と言っていたが、最も優遇されているはずの元解放軍兵士の一家がどん底の生活を強いられているとは、驚きだった。しかも、こうした底辺の生活をおくる人々を至る所で目にする。雲南テレビのニュースで「城市低保人員毎人可領150元過年費（市内在住の低所得者に春節越年費用150元を支給）」と言っていたが、どこで、どう支給されるのだろうか。経済格差はますます拡大し、最低生活の保障さえ充分に機能していない現状を見る思いがした。

雲南名物 —— 庶民の味

雲南名物といえば「米线《ミシェン》」。雲南の庶民の食べ物である。雲南のどの町にも必ず米线屋さんがある。私も大の米线好きで週に３、４回は食べている。昆明の繁華街、南屏街から徒歩５分ほどのところにある「建《ジェン》新园《シンユェン》」は100年の歴史を誇る米线の老舗だけあって、その美味さと安さは昆明市内に十数ヶ所の支店を有するほど市民に支持されている。私の大好物はここの涼米线《リャンミシェン》。暑い夏場には、その甘辛い醤《ジャン》が食欲をそそる。お好みで辣椒《ラジャオ》を加えるとさらに美味さが増す。小椀５元・中椀６元・大椀８元、中椀で腹一杯になる。椀の縁が欠けていようと気にしないおおらかさも好きだ。

温泉で新年

弥勒《ミラ》は昆明の南東約150キロ、紅河哈《ホンヘハ》尼《ニ》族彝《イ》族自治州に属する古い街で、前期に世話になった饒老師《ラオラオシ》の生まれ故郷でもある。老師の話では格別の観光名所があるわけではないが、嬉しいことに「温泉」があるのだそうだ。「温泉」の一言に惹かれてバッド共々老師の正月帰省に「便乗しよう！」となった。

14時過ぎ、弥勒に到着。饒老師の案内で地元の彝族料理店で遅い昼食を堪能した後老師と別れ、ともかく温泉に入ろうと、タクシーをつかまえて交渉開始。なかなか通じないのでノートに「吉山温泉」と書いて見せたところ、「没有吉山温泉、只有温泉」と返答が帰ってきた。さっぱり通じないので、バッドが饒老師に電話を入れ運転手さんに手渡したところ、ようやく双方の意図が通じ、無事に温泉まで連れて行ってくれた。弥勒の温泉には日本のような「〇〇温泉」という固有名詞はなく、ただ「温泉」とだけ呼んでいることがわかった。この運転手さん、名前を武栄偉《ウロンウェイ》さんといい、温泉を出たら電話しろと携帯電話の番号を教えてくれた。バッド共々当初は高額な料金を請求されるのではないかと警戒していたが、メーター通りの片道15元。どうやら信用できそうな人だと意見が一致した。

弥勒の温泉は湖の畔にある。洒落た建物と小高い丘の中にいくつもの露天風呂が設けられた、まさにリゾート温泉である。中国はほんとうに変わったと感じさせられる。日本と唯一違うのは水着を着て入浴することだけで、その他は長野や群馬の日帰り温泉施設と変わらない。入場料60元。バッドは初めての温泉体験。私は4ヶ月ぶりのお風呂を堪能した。肩まで湯に浸かって夕焼け空を眺めていると日本にいるような錯覚に陥り、まわりから聞こえてくる中国語で現実に帰った。

温泉からの帰り道、武さんに「又便宜又安全（安くて安全な）」ホテルを紹介してくれと頼んだところ、連れて行ってくれただけでなく料金交渉までしてくれた。宿泊料金が1室2人で60元の奇麗な酒店だった。別れ際、明日弥勒大仏に行きたいというわれわれの要望に、大仏様と弥勒市内を60元で往復してくれることになった。

23時半頃だったろうか、遅い夕食を付近の食堂で済ませて酒店に戻ると、酒店のマネージャー氏が部屋まで追いかけてきて、パスポートを確認させてくれという。私はしっかりと持参していたが、バッドは学生寮に置いてきたと暢気な顔をしていた。

マネージャー氏、少々慌てた様子で「こんな時間に大変申しわけないが公安警察署までいっしょに行ってください」と低頭して言うのだった。そこではたと思い出した。中国では居住地以外の街に宿泊する場合、身分証明書の提示が義務付けられている。外国人の場合は必ずパスポートを提示し、中にはチェックアウトまで預けるところもある。「これは厄介なことになった」と言いつつ、二人して「どんな仕儀になるのか興味津々」とマネージャー氏の運転する車に乗せてもらい、暗闇の弥勒の街を公安警察署へと向かった。

公安警察署は商店街の一角にあった。夜間警備室で待たされること40分余り。ようやく私服の警官がやってきてマネージャー氏から事情聴取。「そうか！」と頷いて部屋から出て行った。またまた待たされること20分余り。今度は書類を持って現れ、私のパスポートとバッドの学生証の提出を求め、書類になにやら書き込んだ後、パスポートと学生証を返してくれて、「帰って良し」と放免された。この間、玄関ロビーには若い女性2人が床にしゃがんだまま頭を垂れていた。2人の正面には、2人の持ち物と思われる財布やハンカチなどが並べられていた。バッド曰く、「多分、特殊なお仕事をしている女性でしょう」と。かりにそうであったとしても、これでは「晒しもの」ではないだろうか。「所変われば品変わる」とはいうが、中国の人権意識には理解しがたいものがある。酒店への帰り道、マネージャー氏には余計な手間暇をかけさせてしまって申しわけなかったが、「夜中に公安警察に行くなんて、できそうでできない経験だ」と2人で笑った。

３月 11 日

３月 10 日。雲南省西部の小都市、盈江《インジャン》で震度６弱の地震が発生。行方不明者が多数出ているらしい。市街地中心部の建物がいくつも崩壊し、昆明テレビの映像がなまなましい現場の様子を伝えていた。

３月 11 日夕刻。一息ついて中央電子台にチャンネルを合わせたところ、日本の東北関東地方で地震が発生し、津波で大きな被害が出ているとの速報が飛び込んできた。一時帰国するために、空港へ出かける用意を整え終えたばかりのところだった。

中央電視台が映し出した映像は NHK の映像だった。津波が畑や田んぼの上をもの凄いスピードで、まさに舐めるように突き進んでいく様子をありありと伝えていた。テロップでは成田空港が閉鎖されたと言っている。メールが使えないので東京と連絡がとれない。さてどうしたものかと迷ったが、ともかく行けるところまで行ってみようと覚悟して昆明空港へ向かった。

午後 10 過ぎ。大韓航空のフロントへ行くと、真っ先に「地震のニュースを知っているか」と問われた。「仁川までは保証するが、成田空港が閉鎖されているので仁川から先は保証できない。それでもいいか」と念を押されて搭乗手続きを完了。その後ロビーで待つこと小１時間。搭乗の直前、係の人からゲートの隅に呼ばれた。係員氏曰く「チケットを交換する」と手渡されたチケットはビジネスクラスのものだった。「え、なんで？」と驚いたが、思わぬ幸運を素直に享受することにした。係員氏は、「仁川に着いたらすぐに、出国ロビーの２階にある大韓航空の案内デスクへ行け」とアドバイスをくれ、「家族の無事を祈る」と背中を押してくれた。

３月 12 日。早朝５時過ぎ、仁川空港に到着。トランジットの検査を終えるとその足で大韓航空の案内デスクへ向かった。昨夜以降の状況を確認するも、深夜から早朝にかけて成田からの新たな情報はなし。依然として成田空港は閉鎖中で搭乗予定便の飛行は未定。新たな情報が入るであろう８時まで待機せよとの指示だった。早朝のロビーは人の行き交いも少なくひっそりとしていた。飛ぶのか飛ばないのか、何時間待つのか、何日足止めになるのか、まったく読めない。そうこうしている内に博多便が飛び立ち、名古屋便が飛び立ったが、成田行きの搭乗ゲートだけは行き先表示が点灯したまま閉鎖されていた。

８時少し前、再度案内デスクへ。幸運なことに成田が再開の見込みで飛行機は予定通りに飛ぶとのこと。早速、搭乗手続き。「搭乗案内があるまでゲート付近で待機せよ」とのことで一先ず安堵した。ゲート付近は混雑が激しくなり、多くの人が津波の被害を映し出すテレビニュースに見入っていた。見れば見るほど凄まじい映像だ。

９時過ぎ、出発予定時刻を過ぎても搭乗案内がない。やきもきしても仕方がないので、ひたすら忍の一文字。ワイワイガヤガヤと賑やかに通り過ぎていく人々を眺めて気を紛らわせた。

10 時過ぎ、ようやく搭乗開始のアナウンス。２時間後には日本に帰り着くと思った途端、一気に疲れと眠気が襲ってきた。

午後２時少し前、成田に到着。自宅へ電話を入れると家人が驚いた――「もう帰ってきたの？」。成田空港は案外に静かだった。税関を抜け、到着ロビーへ出ると毛布に包まった人がそこここに。昨日の地震発生で立ち往生した人たちのようだ。リムジンバスのフロントへ行くと、高速道路はすべて通行止めのため、リムジンバスの運行は停止しているという。動いている交通機関は京成電車と JR のみだとも。それもすべて各駅停車。空港ターミナル地下へ下りたところ、切符を求める長蛇の列。電車は動いているものの運行時間はまったく不明。どちらの電車で行くか迷った末に、JR で東京駅へ出るルートを選んだ。自宅へ帰り着いたのは夜７時を過ぎていた。とてつもなく長い１日だった。

３月 21 日。メールを開いてみると、大学の老師《ラオシ》やクラスメイトから気遣いのメールがいくつも届いていて胸が熱くなった。

made in Japan

昆明は経済発展の真っただ中にある。至る所で古い街並が姿を消し、高層ビルがニョキニョキと生え、新しい街が生まれ、海外ブランドの商店が軒を連ねるショッピングモールが昆明人の消費心を刺激している。それとともに昆明人のライフスタイルも変化している。家電量販店に入ると、大画面液晶テレビや大型冷蔵庫、全自動の乾燥機付洗濯機など飛ぶように売れている。メーカー名をみると、残念ながら日本のメーカーのものはまったくない。中国人の友人に聞いたところ、「made in Japan の品質の良さはだれでも知っているが、値段が高過ぎて手が出ない」と言っていた。日本製が世界で負けるわけだ。

一方で日本のファッションや日用雑貨は中国人若者の憧れだ。ある日、タイ国出身のクラスメイトから突然に「MUJI は日本の店だろう」と聞かれて、なんのことやら状況を知らなかったので面食らったが、よくよく話を聞くと日本の「無印良品」だとわかった。冬休みで日本に一時帰国している間に、南屏街に程近い青年路《チンネンル》の交差点際に「MUJI（无印）」昆明店が開店していた。商品はすべて日本で売っているものと同じで、日本語を話すことができる店員さんもいる。

4月の末に南屏街のど真ん中に「ユニクロ昆明1号店」が開店した。開店時の様子を見てみたかったが、生憎この日は振り替え授業とかち合ってしまい店に行くことができず、5月中旬のある日に立ち寄ってみたところ、1フロアを独占した売り場は家族連れで混雑していた。ちょうどこの日は「母親節（母の日）」だった。開店記念価格のチノパン 299 元、ポロシャツ 99 元、T シャツ 79 元は街場の店で売っているものよりは割高に感じたが、いっしょに行ったクラスメイトは、サイズの豊富さ、カラフルさ、種類の多さ、そしてなによりも品質の良さと店員さんの丁寧な応対に感心していた。ここにも日本語を話す店員さんがいる。店内放送も日本語、英語、中国語の順で放送されている。昆明の他の店では聞いたことがない。商品といい、店員さんの応対といい、「ユニクロ昆明1号店」は中国流に言えば文明店だ。

タイ国出身のクラスメイトの話では、バンコクにもユニクロがあるそうで、ユニクロのロゴが印刷された紙袋が人気だそうだ。その話を聞いて、日本でもかつてブランドロゴが印刷された袋がステータスになった時期があったことを思い出した。後日のことだが、雲南テレビの経済番組で「いま昆明市民はブランドに目覚めたところだ」と「ユニクロ」を昆明に招聘した百貨店グループの社長が語っていた。

孫さん一家

孫天同《スンティエンドン》さんは河南《ハナン》省南陽《ナンヤン》市の出身で 68 歳。20 歳代の8年間を人民解放軍の兵士として過ごしたことを誇りにしていた。文化大革命の頃、食料はそこそこ手に入れることができたが、生活物資がなかなか手に入らず苦労したそうで、豊かで平安な時代になったのはこの 15 年くらいだと言っていた。8年前に定年を迎え、昆明には1年前に来た。息子さん一家と同居するために生まれ故郷の南陽を引き払い、奥さんとともに昆明に引っ越して来たのだそうだ。上東城《シャンドンチャン》の新居は息子さんが孫さん夫婦と同居するために買った。中国では子どもが年老いた親と同居する風習が根強く残っている。子どもは一生懸命に働き、家を買い、親を呼び寄せる。孫さんのように子どもが遥か遠方の街に住居を構えると、親は慣れ親しんだ土地を離れることになる。孫さんは昆明に来てまだ日も浅く、これといった趣味もないので友人知人がなく、「南陽の家が懐かしい」と少し寂しそうだった。

孫さんの自宅は私の部屋の斜め前の 1208 号だった。入り口を入るとすぐに3畳ほどの玄関部分があって、そこで靴を脱ぎスリッパに履き替える。玄関部分の向こうは4畳半ほどの広さの台所。燃料はガスと電気を使っている。玄関でスリッパに履き替え数歩進むと、ガラス張りのテーブルとイスが置かれたダイニングスペースになっていた。その先が 10 畳ほどのリヴィングスペース。大型のソファセットの向かい側には大きな液晶テレビとステレオ装置が備えてあった。リヴィングに接して大小2つの寝室があり、東向きのベランダはサンルームに改造されていた。全体で 90 平米くらいだろうか、老夫婦と息子さん一家の5人暮らしには決して広くはないように見えた。

突然の訪問にもかかわらず、奥さんの高《ガオ》文杰《ウェンジエ》さんが「午饭吃了吗《ウーファンチーラマ》？（お昼は食べたか？）」と快く迎えてくれ、図々しくもお昼をご馳走になった。高さんは「一人暮らしで、毎日の食事はどうしているのか」と心配してくれ、自炊していると話すと「うちでご飯を食べればいい」と言ってくれた。それは社交辞令ではなかった。後に、孫娘の楊楊《ヤンヤン》が迎えに来て、何度か孫家で晩ご飯をご馳走になった。そのご飯がなかなかに美味しかった。餃子も麺もすべてが高さんの手作り。夜食にいただいた「粥」は11時間も炊き込んだ絶品だった。

初めて孫さんのお宅にお邪魔をしてからしばらく経った日曜日、楊楊がやってきて「お父さんが会いたいと言っている」とのこと。早速に孫家を訪ねてみると孫さんの息子で楊楊の父親の孫涛《スンタオ》さんが待っていた。なんと孫涛さんは人民解放軍の教官だった。数日前、私の身元保証人ともいえる日本雲南聯誼協会昆明事務所に私の素性を確認する電話があったそうで、合点が行った。孫涛さんは「なにか困ったことが起きたらすぐに電話しろ」と携帯電話の番号を教えてくれた。ついに私は人民解放軍までも味方につけた。

小さな壁新聞を届けに

聯誼協会がすすめている日本と中国の小学校の交流事業、『小さな壁新聞』の第2号を届けるために楚雄《チュウション》彝《イ》族自治州の老木《ラオム》壩《バ》小学校を訪ねた。今回、雲南師範大学に留学中の鈴木俊良君が在昆明ボランティアの第1号として同行してくれた。

午前8時、昆明西北バスターミナルで昆明事務所の林娜《リンナ》女史と落合い、公共汽車《ゴンゴンチーチャ》(公営バス）で北へおよそ100km、まずは中継地の武定《ウディン》へ向かう。ターミナルを出て間もなく高速道路にのるものの、これがえらい凸凹道で、おまけに路肩駐停車は当たり前。バスでさえ乗客の降りたいところで停車する。渋滞と低速走行で、武定に着いたのは10時半を過ぎていた。

余談だが、地方農村部に行くと、集落を結ぶローカルバスが走っている。どのバスも定員10人前後で、人間だけでなく荷物も運ぶ。運送業が未発達な地方山間部では包車《バオチャ》（コミニティバス）が物品輸送と運転手の副収入獲得の有力な手段になっている。この日、武定から乗ったバスは、バス停を出てしばらく走った後、とある民家の庭先に停車。なにをするのだろうかと見ていると、粗末な倉庫からせっせと日用品、菓子類などの段ボール箱をバスに運び込んでいた。

武定で老木壩行きに乗り換え。售票所《ショウピャオチュウ》(切符売り場）で次の発車時間を確かめると、12時過ぎだという。帰りの時間を考えると一刻も早く老木壩に着きたい。そこで、とりあえず老木壩に最も近い插甸《チャディェン》へ行く便に乗り、その後はタクシーを利用することにした。

昼前、插甸到着。小さな街だ。タクシーの姿がない。さて、どうする。バスの運転手氏は「包車《バオチャ》（地域バス)」で行けという。林娜女史が老木壩小学校へ電話を入れる。学校からすぐに迎えにきてくれるというので一安心した。迎えの車を待つこと暫し。教頭先生と女性の先生が来てくれた。先生の話では、校長先生が插甸の中心小学校に出張してきているので、われわれを乗せて老木壩小学校まで戻ることになった。

12時過ぎ、ようやく老木壩小学校に到着。２年前に新校舎落成式に訪れて以来の訪問だ。周辺の風景はなにも変わっていない。学校に入ると村の幹部の方々がわざわざ出迎えに来てくれていた。しばし歓談の後、今日の訪問の主題の一つ、『壁新聞』を伝達。早速、校舎1階の壁面に貼ってもらった。

終業の鐘の音とともに子どもたちが教室から飛び出してきて、『壁新聞』の前はたちまち押すなおすなの大騒ぎ。『壁新聞』の主旨と内容を説明すると、どの子も興味津々に見入っていた。これで第一の任務を無事に完了。東京の狛江市立和泉小学校の子どもたちから託されたメッセージを届けることができた。

今日の訪問にはもう一つ、大切な目的があった。先の東日本大地震で被害に遭った日本の小学生に激励のメッセージを書いてもらうことである。地震と津波、そして原発の事故のことは、山間部の老木壩小学校の子どもたちも知っていた。書いてもらうメッセージの主旨を説明すると、最初は少し戸惑っていたが、グループごとに意見を出し合い結論が出ると、次々に絵と文字が模造紙いっぱいに広がって行く。絵の上手な子は絵を、文字が上手な子は文字を、全体を眺めて「ここが空いている」と指示する子、色を塗る子、それぞれができることで協力し合っている。もめているグループはない。クラスの指導がしっかりと行なわれていることを感じた。中国の小学校も日本の小学校と変わらない。

子どもたちの創造力はすばらしい。どこで知ったのか、ハートや蝶の絵柄がカラフルに描かれている。それも漫画チックに。２時間程で４枚のメッセージが書き上がった。どのメッセージにも日本の子どもたちに「元気を出してがんばれ（加油）！」と呼びかける気持ちが溢れていた。

午後２時過ぎ、老木壩小学校訪問の目的を達成し、再び校長先生のクルマに乗せてもらって插甸の街へ。バス停には幸いなことに武定行きのバスが停まっていた。が、「客がそろったら出る」と運転手はそっけない。時間表などないのだ。すべて運転手次第。ああ、ローカルバス！の旅であった。

学生老師

後期の授業が始まってすぐに大学から補習を薦められた。正規の授業の補完と中国語会話力の促進を兼ねて、雲南師範大学対外漢語《ドイワイハンユウ》学科の現役学生からマンツーマンの指導を受けることになった。対外漢語学科の学生は、中国語を母語としない人に中国語を指導する勉強をしている。将来の中国語教師である。

ある日の夕刻。携帯に中国人女性から電話がかかってきた。会話の細かな部分は聞き取れなかったが、大意は理解できた。「補習を始めるので、明日の午後２時半に学院の２階ロビーでお会いしましょう」ということだった。翌日、学院２階のロビーで日本人学生と雑談をしているところに、身長160㎝ほどの小柄な学生老師《ラオシ》（先生）が現れた。

彼女の名前は王東玲《ワンドンリン》さん。対外漢語学科１年生で大理《ダーリ》市下関《シャグァン》出身の白族《バイズー》(ペー族)、19歳。趣味は「画画《ファファ》（絵を描くこと）」、夢は大学卒業後に中国語教師として海外へ行くこと、と自己紹介してくれた。

私の目下最大の弱点は「听力《チンリィ》（聞き取り力）である。ピンインが苦手でうまく発音できない。東玲老師曰く、「我会好好教你中文、只要用心、你一定会学好的、加油」（一生懸命に指導します。勉強する気持ちさえあれば必ず身に付きますから頑張りましょう）」と励まされた。東玲さんといっしょに来ていた同級生の楊淑涵《ヤンシュウハン》さんと筐鶯《クァンイン》さんが横から「她很苯（この人は間が抜けているんです）」と茶化していたが、日本のアニメが大好きで宮崎駿の大ファンの上に、村上春樹の『挪威的森林（ノルウェーの森）』を読んだこともある、なかなかに聡明な女性である。加えて、学生自治会の活動にも関わっていて、学生主催のいろいろなイベントに呼んでくれ、私の留学生生活はさらに面白さを増した。

５月初旬。全学で中間テストが始まった。テキストを眺めていたら、しっかりと理解できていないことがつぎつぎにでてきた。練習問題の正解がわからないところもでてきた。そこで、東玲老師に携帯メールで質問を送り、教えを乞うた。東玲老師は逐次質問に答えてくれ、ほぼ半日近く東玲老師を家庭教師にしてしまった。

後日、解答用紙を見せろと言われて見せたところ、「很不錯啊《ヘンブツォア》（とてもいい）」と喜んでくれた。そして、すべての解答に目を通し、どこの何が間違っていたのかを教えてくれた。

中間テストが終わり、私の発音指導が本格的に始まった。発話するたびに東玲老師は首を横に振り、舌の位置や口の開け方、つぼめ方などを指摘し、首を縦に振るまで発話させられた。時折、手で数字を示すこともある。四声が間違っているという意味である。その繰り返しで、教わる方も教える方も結構疲れる。私が「休息《シュウシ》」と叫ぶと東玲老師の肩から力が抜けるのがわかった。時折、楊さんと筐さんが指導を交代する。3時間はあっという間に過ぎて行った。この日、私の老師は３人になった。なんと贅沢な生徒だろうか。

小偷《シャオトウ》（スリ）に遭遇

中国で、否、生まれて初めてスリに出くわした。午前中で授業が終わり、バッドとともに、今期から同学《トンシュエ》（クラスメイト）になった韓国人の羅五美《ナオミ》と Kawana Cafe へ行く途中のバスの中でのことだった。いつもは Kawana Cafe のある正義路まで歩いて行くのだが、この日はバスの路線をあまり知らない五美のためにバスを利用した。

バス停でしばらく雑談をしながらバスを待っていた。お目当てのバスがやってきたので、バスに乗車する前に、バックパックを身体の前に抱え直した。乗車する間際、私の右横にいたオッサンが左腕で邪魔をする。中国人がよくする行為だ。見ると小さな子どもをオンブして、左腕に皮のジャンパーをかけていた。譲ろうとして少し後ろへ下がると、オッサンの左腕の圧迫感が追いかけてくる。なんだかおかしい。乗車してからも私の右側に立っている。入学当初に杜丹丹《ドゥダンダン》老師から注意を受けた「スリに気をつけろ」のことばを思い出した。

そうこうしているうちに次のバス停が近づいてきた。オッサンが私の前を通り抜けようとした瞬間、私の腰が軽くなるのを感じた。この日たまたまコンパクトカメラをケースに入れてベルトに通し、右脇腹に付けていた。スリだと確信した。すぐに皮ジャンパーの下に手を入れ、オッサンの手を掴もうとしたところ、私のコンパクトカメラが床に落ちてゴトンと音を立てた。カメラを拾い上げ、オッサンを捕まえようとした。が、次の瞬間、その後が面倒になると直感したので止めた。何もしないで逃がしてやるのは腹立たしかったので、蹴っ飛ばしてやった。まわりの客はポカンとしていた。スリはこちらをチラリと振り向き、なにか呟くとアタフタと逃げて行った。騒動に気づいたのかバッドが「どうした？」と声をかけてきた。「スリだ」と答えると、「そうか」と平然としていた。薄情なやつである。

春蕾生の卒業式

日本雲南聯誼協会が行なっているプロジェクトの一つに『25 の小さな夢基金』がある。日本の篤志家が「里親」となって昆明女子中学春蕾班《チュンレイバン》（少数民族の成績優秀且つ貧困家庭出身の女子だけを選抜した高校）の女子生徒に奨学支援を行なっている。

6 月末、20 数名の「里子（少数民族の高校生）」が卒業を迎え、それぞれの進路に新たな一歩を踏み出した。

卒業式典は午後 3 時過ぎから始まり、卒業生は民族衣装を着飾って「里親」との対面に望んだ。初めて顔を会わせる「親子」もある。中国語が話せない「里親」のために、雲南大学滇池《ディエンチ》学院日本語学科の中国人学生がボランティア通訳で「親子」の会話を支援してくれた。そのお蔭で対話に花が咲き、時間はあっという間に過ぎて行った。昆明女子中学の校長先生の話では、卒業生の全員が大学入学試験で志望大学の合格点を獲得し、8 月に送られてくる入学許可通知を待つのみだそうだ。

翌日、『25 の小さな夢基金』の初めての「同窓会」が昆明市の南にある滇池《ディエンチ》湖畔にほど近い滇池大酒店で開かれた。日本からは 20 名の協会関係者が出席し、中国側は夢基金卒業生の一部と今年の春蕾卒業生、在校生など約 40 名が参加した。卒業生のほとんどが大学生に成長し、久しぶりの再会にあちらこちらで嬌声があがった。

協会関係者の紹介、卒業生の自己紹介、昨年・一昨年に日本を訪れた 6 人の生徒の経験談などに続いて、昼食の懇談を挟んで、午後は 6 つほどのグループに別れて懇親。ここでも、雲南大学滇池学院日本語学科の高明《ガオミン》先生から指導を受けている学生約 30 名がボランティア通訳として各テーブルに同席し、日本側出席者と春蕾生との対話を結んでくれた。

この同窓会では、在昆明の学生ボランティア団体を組織することが春蕾クラス卒業生の自発的意志で決まった。雲南大学や雲南師範大学などに進学した春蕾クラス卒業生が中心となって、それぞれの大学でボランティアグループを組織し、協会の活動を昆明で支援しようというのである。加えて、雲南大学滇池学院日本語学科の学生諸君も協会の活動に協力してくれることになった。

『小さな夢基金』で育った若者が、いま、協会の活動を「支援したい」という。彼らは大学に進学したとはいえ、経済的には難しい状況に変わりはない。そんな彼女たちが「進学できたのは日本の支援者のお蔭。その恩は忘れません。わたしたちが受けた愛を次の世代に伝えたい」と言う。その言葉に少々ジンときた。同時に、未熟な中国語でも彼女たちと直接会話ができるようになったことが嬉しかった。

初級《チュウジィ》Ｃ班《バン》

留学２年目の「初級Ｃ班」は、韓国３人、タイ国３人、オランダ、オーストリア、ロシア、スウェーデン、そして私の総勢11名で、授業によってロシアと韓国の14歳の少年が加わる。前期の同学だった韓国の車さんは32歳、スウェーデンのオリビアは18歳、その他は全員が20歳代である。

敬虔なクリスチャンでもある車さん。タイ国出身の志偉《ジウェイ》、志宏《ジホン》兄弟はタイ国東部の大学の農業科学学科を卒業した秀才で、国際漢語教育学院で中国語をマスターした後に中国のどこかの大学院で農業科学を勉強し、将来は母校に戻って後輩の育成とタイ国の農業開発に貢献する夢を抱いている。クラスで最年少のオリビアは母親が北京出身の中国人で父親がスウェーデン人のハーフ。なかなかの美人さんで、新学期開始早々に他のクラスの学生から「超美人の学生が同じクラスにいるだろう」と聞かれたことがある。「羨ましいか」と我ながらバカバカしい自慢をしてしまった。

授業では新出単語を使って文を発話させられる機会が多い。Ｃ班の同学はユーモアのセンスが豊富で恋愛や結婚をネタにした文がよく飛び出す。ロバートの回答文「我已経16歳，還没接吻（16歳なのにキスしたことがない)」には、老師も「真的吗《ジェンダマ》？（ほんとう？)」と中国語の勉強そっちのけでいっとき初体験話に沸いた。因にヨーロッパ系学生のキス初体験は14、５歳だそうだ。

一方、新学期開始早々に、「口語課」の指導教師の楊丹《ヤンダン》老師からぎょっとする指示が出された。老師曰く「本日より授業中は中国語以外の言語の使用を禁止する。発言はすべて中国語で行なうこと。違反した学生には罰則を科す。罰則の内容は学期末に提示する」ということで、授業中に英語による補足説明も基本的に行なわれなくなった。

さらに、１レッスン終わるごとに実施される「听写《チンシエ》（単語の書き取りテスト)」の方法が変わった。老師が読み上げる単語を「書き取る」のではなく、老師から指示された単語の「意味」あるいは「ヒント」を11名の学生が順に中国語で発言し、回答者に指名された１人の学生がその「単語」を口頭で答えるという形式になった。回答する側の学生は「単語」の文字と意味を理解した上に、他の学生の発言を「聞き取る能力」も要求される。反対に「意味」あるいは「ヒント」を与える側の学生は、指定された「単語」の意味を理解した上で、それを「別の中国語」で表現する能力が要求される。ときに老師から「听不懂《チンブドン》！（意味不明)」と厳しい指摘がとんでくることもある。私はタイの志偉・志宏兄弟とMeiliに始終助けられた。

気を良くした１週間

課外活動で数十年振りに「書道」に取り組んでいる。1時間半ほどの練習時間だが、終わるとクタクタ。墨の香りがとても心地良い。他に中国人学生が運営する「漢語倶楽部」に参加しているお蔭で、ほかのクラスの学生とも交流が増え、休み時間にあちらこちらから「ニーハオ、ピンティエン（こんにちは、平田さん)」と声がかかる。私の名字はニックネームと化した。

10月に入り、留学生と中国人学生の交流バレーボール大会が始まった。われわれの初級Ｃ班は18日の第１試合でフルセットの末に惜敗。27日に第２試合が行なわれ、シーソーゲームが続いた末にフルセットを闘い抜いて待望の１勝を勝ち取った。試合に出場した学生はいずれも親睦ゲームとは思えないほどの熱の入りようで、コートサイドでは応援の学生がバケツの底を叩いて大声を張り上げ、「啦啦隊《ラ ラ ドゥイ》」（応援団）の方も熱が入っていた。

試合の最中のことだった。学生老師の王東玲さんと彼女の同級生数人が突然「你《ニ》今天很帥《ジンティエンヘンシュアイ》（とってもカッコいいよ）」と。その直後、師範大学付属中学の国際倶楽部の生徒から英語でインタビューを受けた。翌日には、顔見知りの日本人学生とばったり出会った際に「昨日は赤のチェックのシャツと細身のズボンがカッコよかったです」と。昨日は昨日で、雲南省博物館で展示物を見学している最中に、まったくの見ず知らずの中国人女性から「いっしょに写真を撮らせてほしい」と言われ写真に収まった。こんな経験は初めて。で、その女性曰く、「你《ニ》不《ブ》是《シ》中国人《ジョンゴウレン》，哪国人《ナーゴウレン》？（中国人じゃないでしょう。どこの国の人ですか）」と。日本では野暮なオヤジでしかないが、どうやら「外国人臭い」らしい。中間試験の成績はいま一歩だったが、少々気を良くした１週間であった。

講演会と健康診断

「小さな夢基金『夢は叶う』講演会」が昆明女子中学で開催された。今年で３回目を迎え、協会顧問で同講演会の第２回講演者でもある新井淳一氏（元日本経済新聞社副社長）の尽力を得て、アサヒグループホールディング株式会社相談役の池田弘一氏を講演者として招聘し、新井淳一氏夫妻、第１回講演者の丘ヤス氏（米国アルバート・アインシュタイン医科大学名誉教授）ほか協会関係者とともに同校を訪問。春蕾クラスの１、２年生と雲南大学滇池学院日本語学科の学生，総勢約 300 名が貴重なお話を聴くことができた。

池田氏は約２時間半にわたる講演の中で、業界トップの座から３位に低落したアサヒビールが再度１位の座を獲得し、会社を立て直した経験をもとに、「どんなに不利な状況にあっても決して投げ出さなかったこと、そして多くの人々とのつながりが現在の自分をつくっている」と春蕾生徒に夢を持つこと、諦めないことの大切さを語った。

翌日、フォローアップ事業の一環として支援小学校児童の健康診断を老木壩小学校で実施した。この健康診断は、台風の接近や中国国内で発生した反日暴動事件のトバッチリをくぐり抜けてようやく実現した。今回、このプロジェクトの発案者である三木秀隆氏の紹介で、北里大学名誉教授の石井勝己先生に手弁当で来昆していただき、奥様の石井典子氏にも急遽助手としてお力を貸していただいた。また、昆明市延安医院の看護士４名、雲南大学滇池学院日本語学科の学生 13 名と昆明市民ボランティア２名が支援してくれた。

老木壩小学校には就学前から４年生までの児童 80 名と教師７名が在籍。ほぼ全員が健康診断を受診した。子どもたちにとって「健康診断」は生まれて初めての経験。２年生のある女子児童は体温測定で泣きだしてしまうハプニングがあったりしたが、健診開始とともに学生ボランティアの動きもスムーズになり、予想した時間よりも早く終えることができた。４年生の体重測定、視力検査を観察していると、大多数の生徒が身長 130㎝前後、視力 1.0 以下で、日本の同年代に比べて体格は劣っているように思えた。診断を終えた石井先生にうかがったところ、「どの子も痩せてはいるが、大きな病気にかかっている子どもはいないようだ」とのことで、関係者一同安堵したが、父兄を含めた栄養指導や衛生教育、住環境の改善指導など社会教育の必要性を痛感した。

「ごはんたべたか？」

昆明生活２年目は、師範大学へ徒歩 20 分の便利さと翠湖公園を取り囲むように並んだ古い街並みが気に入って、五華区《ウフォアチュ》圓通街連雲巷《イェントンジエリェンユンシャン》７号の「圓通幼稚園職員住宅」に転居した。この一帯は昔から昆明の行政と学問の中心地だった場所で、翠湖を取り囲むように辛亥革命や共産党に関わる旧跡があちこちに保存されている。街全体が緑に覆われ、至るところで庶民の営みを身近に感じることができる。

アパートから円通街に出て右に曲がり、10m ほど行くと CD 屋さんがある。売り込み熱心な男性店員に誘われて中を覗いたのが縁で、朝な夕な店の前を通ると必ずといってよいほど彼が声をかけてくれる。ある日の朝、彼が「zao!」と一言。ついつられて頷いてしまったが、はてさて、なんと言ったのか听不懂《チンブドン》（意味不明）。学生老師の王《ワン》さんに聞いたところ、「早上好《ザオシャンハオ》（おはよう）」の超短縮形で、友達やごく親しい間柄で使う俗語とのこと。昆明に１年住んで初めて知った。さしずめ「オハ！」ってところだろう。

転居してしばらく経ったある日の夕飯時、大学から帰ってくるとアパートの管理人さんから「吃饭《チーファン》了《ラ》吗《マ》？（ごはんたべたか？）」と声をかけられた。これもまた親しい間柄の庶民がよく使う挨拶の慣用句で、なんとなく人を思い遣る優しさのようなものが感じられて、私もようやく隣人として認めてもらえたような気がして嬉しかった。とは言え、京都弁の「茶漬け」かもしれないと思い直し、その場は「吃《チー》了《ラ》（たべたよ）」と笑顔で返した。教科書には出てこない「俗語」を覚えると、そこはかとなく昆明人《クンミンレン》になったような気がする。

昆明の「水」

「水道」を中国語では「自来水《スーライシュイ》」という。昆明市にももちろん水道がある。1918 年(大正７年頃)、私が住んでいる五華区一帯に昆明市で最初の水道が開設された。辛亥革命が失敗して中国全体が混乱している頃の話である。その水源は現在の翠湖公園の中ほどにある「九龍池《ジュウロンチ》」だった。水を汲み上げたポンプ小屋が当時のまま保存されている。その説明文によると、フランス製のポンプとドイツのシーメンス社製のモーターが１日に 1000㎥の水を供給したという。当時の昆明人、特に特権階級の人間は「自来水」の便利さを喜び、西洋的な文化生活に多少の誇らしさを感じたのではないだろうか。九龍池は 1973 年に水源の役割を終え、現在は滇池《ディエンチ》が水源になっている。その滇池は昆明の経済発展とともに水質汚染が酷くなり、つい最近までアオコで覆われていた。昆明市政府が水質浄化に莫大な費用を投下し相当の改善がなされ、新興開発地区のインフラ整備には最新式の技術と設備が投入されている。曰く、「先進衛生都市」「緑化都市」「文明都市」である。

私が借りている部屋は改革開放以前に建てられたものと推測される。建物も設備も相当に古い。引っ越して来て間もないある朝、水道水で食器を洗っていると、真っ白なはずの皿がやや茶色く見えた。さらに、洗濯をしたばかりの白いシャツが少し茶色く色ずんでいた。洗濯機の給水パイプをはずしてみたところ、なんとフィルターがほとんど見えないくらいに赤錆が溜まっていた。水道管の錆らしい。以来、調理や飲用に水道水を使うことは止めた。代わりに水屋から「石林天外天」ブランドの天然水を買うことにした。水を届けてくれるのは顧《グ》成利《チャンリ》さんという 36 歳の男性で、来る度に小学５年になる息子の自慢話を嬉しそうに聞かせてくれた。「石林天外天」はタンク１本が約 19 リットル。値段は 10 元。10 日から 12 日ほどで使い切っている。経済的な負担はさほどでもないが、「水」が思い通りにならない不便さを知った。一度うっかりして、夜半に「水」がなくなってしまい往生した。それからは「水」の残量が頭の隅にこびり付いて消えない。

車さん一家と愉快な仲間たち

韓国出身の車さんとは留学１年目の「入門班」で初めて出会った。

車さん夫妻は永住覚悟で昆明にやってきた。中国語を勉強しながら昆明でビジネスチャンスを模索している。昼間、車さんが大学でわれわれといっしょに中国語を勉強している間、奥さんの趙成礼さんは身寄りのない昆明で１人子育てに奮闘していた。「入門班」に入ったばかりの頃、クラスで親睦の食事会をすることになった際に、「奥さんと子どもたちも呼んだらどうか」ということになって、初めて奥さんと子どもたちに会った。後に奥さんはそのことが「とても嬉しかった」と言っていた。

以来、車さんと奥さんは私の一人暮らしを気にかけてくれ、「ご飯を食べにこい」と誘ってくれていたが、国慶節休暇で暇を持て余していたのを機に、北区市《ベイチュウス》のマンションにお邪魔した。４月中頃に昆明インターナショナルスクールのイベントでお目にかかって以来の再会に、奥さんがとびっきりの笑顔と親しみのこもったハグで出迎えてくれた。そして、夜遅くまでさんざんご馳走になった上に、帰り際に「買って来たものだけど……」とキムチを持たせてくれた。帰り道、市バスの揺れがとても心地良かった。

車さん宅を訪ねて１ヶ月程経った日曜日。私のアパートにクラスメイトが集まって「クレープ・パーティー」をすることになった。ことの発端は、授業中にふとしたことで私が「クレープを作れる」と発言したことから、ヨーロッパ系学生が「クレープが食べたい」と言い出した。クレープはアジア系学生には馴染み薄いが、ヨーロッパ系学生には Mama's taste まさに「お袋の味」だ。彼らのほとんどが 20 歳代。つい数ヶ月前まで自宅で「ママの味」を口にしていた。ホームシックもあったのだろう。ならば拙宅の台所を使ってみんなで作ろう、ということになったのだった。

前期の授業が最終盤を迎えた 12 月はじめ。車さんのお宅に初級 C 班のクラスメイトが招待された。奥さんの趙成礼さんが次々と出してくれる料理は格別の美味しさだった。夕刻、クラス担任の楊丹《ヤンダン》老師も授業を終えて駆けつけ、ギターを鳴らして歌ったり、タイ国の子どものゲームをしたり、ワイワイ大宴会となった。最後はデザートにみんなでクレープを作り、楊丹老師がタイ国へ教育実習に行った際に覚えたというコーンのココナツミルクスープを作ってくれた。クレープとココナツスープの甘さと香りがとても美味しかった。

ついに拉肚子

それは忘れもしない 11 月 26 日のことだった。ついに「拉肚子《ラドゥズ》（下痢）」の罠に嵌ってしまった。前夜、龍泉路《ロンチェンル》の屋台で食べた「臭豆腐《チョードーフ》」がいけなかったようで、下痢が始まった。幸いにして痛みはなく、食欲もあるのだが、食事を作る気力が失せてしまい、買い置きしておいたパンと牛乳で週末の２日間を凌いだ。

月曜日。２日間絶食に近い状態が続いたためか、腹の様子はなんとか小康状態を保っているので登校。途中、薬屋で体重を量ったところ 58kgになっていた。１年前は 72kgの肥満状態が、７月に帰国した頃は 63kgになっていた。ここに来てさらに 5kgほど落ちたことになる。全身の筋力が衰えたのだろう、５階の教室に上がるのが少々辛かった。

毎月曜日の「口語課」の授業では、授業の始まりに必ず「週末はどう過ごしたか？」と聞かれる。クラスメイトがいずれも楽しく過ごした話をするのを恨めしく聞いた後、私の番が回って来たので、「我拉肚子了。肚子没有疼, 不過我很忙去廁所, 所以我屁股门儿很疼（お腹を壊した。お腹は痛くはないが、トイレが忙しくて肛門が痛い)」と答えたところ、大爆笑が返って来た。

火曜日。ほとんど下痢は止まったが体力が続かない。５・６時限の「听力課」が終わるとすぐに帰宅。夕方から翌朝までぐっすりと眠ってしまった。

水曜日。１・２時限の「听力課」を欠席。昼前、韓国の車さんが心配して「你怎么了？不能来上課吗？（体調はどうか、授業に来られるか？)」とメールをくれた。午後、「総合課」の授業に行くと、奥さんがわざわざ作ってくれたお粥を持って来てくれていた。カルフールの布袋に包まれた大きなタパウエアは車さん一家の気持ちのように温かった。翌々日、せめてものお礼と思い、日本から持って来ていた「招き猫」のミニチュアをタパウエアの中に忍ばせてお返しした。

土曜日。タイの Meili と Chingqing、ロシアのデニス、デニスの彼女のナンシーが「早く元気を取り戻すように」と私の好物でありタイ名物でもある「トム・ヤム・クン」を作りにやってきた。食材の買い出しに２時間、調理に４時間。出来上がった料理はお世辞ぬきで「非常好吃《フェイチャンハオチイ》！（非常に美味しい)」であった。

珍事件

日曜日の夕方、Meili から携帯メールを受信。「いま、学生寮の６階の窓から男子学生が飛び降りようとしている。女朋友《ヌウポンヨウ》(恋人）の名前を叫んでいるらしい。寮の周辺は大騒ぎだ」とのこと。

翌日、教室はこの話で賑わった。老師の話では、学生の男女関係のトラブルやケンカ、寮内の窃盗事件が後を絶たないそうだ。数年前には、校舎の屋上から女子学生が投身自殺を遂げる事件があった。女子学生は妊娠していたそうだ。別の老師の話では、雲南大学で男子学生が寮の同室の男子学生３名を殺害する事件があった。原因は「悪口を言われた」ことだったそうだ。いずれも公にはならなかった。老師は「現代の中国人学生は「一人っ子」で育っているので、精神面の成長が未熟だ」と言っていた。

改革開放から 40 年、純情無垢な時代は過ぎ、いまや「恋愛」の二文字に頬を染める学生はほとんどいない。それどころか白昼公然と抱き合っているのも珍しくない。大学当局の悩みは増す一方だそうだが、日曜午後のこの事件は、幸いなことに元女朋友が駆けつけ、人騒がせな珍事に終わった。

有志を誘って油菜畑へ

「油菜花《ヨウツァイホァ》（菜の花）」で有名な羅平《ルォピン》へ日帰りの小旅行。当初、４、５人で高速バスを使って行くことを考えていたが、同行希望者が増え総勢 11 人になった。そこで、11 人が乗車可能なマイクロバスをチャーターすることにし、バスの手配を中国人の友人に依頼した。1 台 2000 元、1 人 180 元少々で楽しめる算段だった。ところが、出発前夜、待ち合わせの時間と場所を確認する電話を運転手さんに入れたところ、「乗客の定員は 10 人だよ」の一言。聞いてびっくり。「乗車定員 11 人」は運転手を含めた数で、クルマの運転をしない友人の大勘違いだった。みんな楽しみにしているのに、いまさら「キミは乗れない」などとどんな顔をして言えようか。急遽、運転手さんに「11 人が乗れるバスを探してもらえないか」と泣きこんだところ、運転手さんのコネで「乗車定員 17 人」のバスを見つけてくれた。但し、チャーター料 1 日 3000 元。11 人では 1 人 270 元少々だ。時間は既に午後９時過ぎ。タイ国の学生が携帯電話をかけまくってくれた。２時間後、新たに５人の参加者を集めてくれ、総勢 16 人に。お蔭で 1 人 180 元少々で行けることになり、胸を撫で下ろした。さすが師範大学で最大の留学生数を誇るタイ国であった。

当日。昆明は快晴。だが、羅平は生憎の小雨混じりの寒々とした天気。Chingqing 曰く、「この天気はなぜ？」。「日頃の行いが悪い人がいるのだろう」と返したら、「ピンティエン！」と叫んで大笑い。気を取り直して、油菜花畑の中にある小山の頂きに登ると、360 度満開の菜の花。雄大な景色が昨夜のドタバタを解消してくれた。

私と同世代の人々

肖偉《シャオウェイ》さんは 1956 年生まれ。３人兄弟の長男。文革当時、父親と母親は仕事の関係で昆明に在住。肖さんは母方の祖父母の元に預けられていた。衣食は「票《ピャオ》」という券をもって国営商店に行き、それと引き換えに野菜や肉、米、服などを購入した。「票」は肉、米、油、砂糖、衣服などにわかれていた。食料の「票」は毎月、各家庭の人員構成に応じて配られた。肖さんの家は祖父母の分しかもらえなかった。肖さんは父母と同居していることになっていたため、肖さんの分はもらうことができなかった。父母からの仕送りと裏庭の小さな畑で栽培していた野菜のおかげでそこそこの生活を送った。

文革が始まった頃、肖さんは小学生だった。大人たちがなにを言っているのかわからなかった。ある日、小学校に大勢の人が集まり、その面前で一人の大人が頭を下げて跪いているのが見えた。首からプラカードのようなものをぶら下げていたことを覚えている。地主や富農は資本家階級、大学教授や学者は反動知識分子として吊るし上げを喰らった。肖さんの母方の曾祖父は旧時代の官吏だったため、やはり厳しい目を向けられたらしい。中学、高校時代、学校では授業は行なわれず、「毎日農作業ばかりしていた」そうだ。文革がなんのことかもわからず、ただ、「毛沢東万歳」を叫ぶのが日課になっていたそうだ。

76 年に文革が終わり、77 年の冬、大学入試が再開された。肖さんは幸いなことに大学入試再開の第 1 期生になれた。父親が教育熱心で兄弟３人全員を大学へ行かせ、近所から羨ましがられた。78 年、改革開放が始まり、中国国歌の歌詞が変わった。

肖さんはそれを聞いて「中国は発展する」と感じたそうだ。

82年に大学を卒業し、薬品製造会社に就職。2001年、その総経理（代表取締役）に就任し、06年に退任した。現在は米国系企業のコンサルタント会社と旅行業を営み、「休んでいる暇がない」ほど多忙な毎日を過ごしている。初恋の人が日本女性だったそうで、日本には親近感をもっている。「中国の国際競争力はまだまだ弱いが、雲南省には地下資源が豊富。中国にはブランドをつくる力がないので、日本、アメリカの企業と手を組んで、独自のブランドを作るのが夢」と語っていた。「中国は矛盾も多いが、世界一の経済強国になってほしい」とも言っていた。肖さんのようなバイタリティが中国の経済発展の源泉になっているように感じた。

譚《タン》さんは1950年、四川省重慶市近郊の農村で生まれた。譚さんの父親は根っからの商売人だったようで、小さな食堂を経営したり、雑貨商のようなものを営んでいた。家族は父母と年齢の離れた姉が二人。譚さんは末っ子の長男だった。

小学校の前に小川が流れていて、よく魚釣りをして遊んだ。その小川が59年から62年にかけて毎年氾濫し、学校も村も洪水に流された。当時、中国は「大躍進」の政策のもと、工業化を無理矢理に推し進めていた頃で、譚さんの家も家中の鉄を供出し、学校横の畑の中にこしらえられた溶鉱炉で鉄を作ったことをよく覚えている。

文化大革命が始まり、一般市民の間でも批判闘争が激しくなった。譚さんの父親は「資本家階級」と見なされ、暴力こそ受けなかったが、店を失った。以後、近隣の農村を廻って行商のようなことをしながら生計を立てた。「子どもの頃はお金もモノもなかった」と譚さん。譚さんは小学校にしか行けなかった。その理由をはっきりとは聞き取れなかったが、多分、家庭の事情と社会のドサクサで教育を受けられる状況ではなかったのだろう。小学校を卒業すると父親の仕事を手伝った。72年、既に結婚していた姉を頼って貴州省に一人移り住み、そこで姉のコネで電力会社の検針員の職を得た。午前9時から10時までと午後4時から5時まで1日2回、自転車に乗って家々を廻り電気のメーターを確認するのが仕事だった。75年、姉から姉の友人を紹介され、80年に結婚した。休日に映画を見るか公園を散歩するのがデートの定番だった。「給料日に食堂でご馳走を食べるのが楽しみだった」と奥さん。

78年に改革開放が始まったのを機に、譚さんは電力会社を辞め自営業に転じた。父親と同じように、ときに雑貨商をしたり、ときに食堂を開いたりして生計を立て、一人娘を育て上げ大学を卒業させた。「一人っ子政策」が始まったのは79年だ。譚さんの姉たちは「一人っ子政策」が始まる以前に結婚し子どもを産んでいたので、それぞれ子どもが複数いるが、譚さんは子どもを一人しかもつことを許されなかった。

2008年に娘さん一家がマイホームを購入したのを機に昆明に転居してきた。現在は年金生活。「まだ若いので働きたい」と思うが、年々足が不自由になってきた。近所の老人倶楽部へ通い、朝夕孫娘を幼稚園へ送り迎えすることと市場へ食材の買い出しに行くことを楽しみにしている。「働いてばかりいたので、趣味と呼べるものがない。目と足が少し不自由なので旅行に行く気はしない。いまいちばん大切なものは健康」と言う。改革開放の功罪を聞いたところ、「公務員汚職の横行」と奥さんが眉を寄せた。

達菲《ダフェイ》さん母娘

達菲さんとは日本語スピーチコンテストで出会った。そのスピーチの内容と日本語レベルの高さに感心して言葉を交わしたのを機に交流が始まった。

留学2年目の7月、彼女が雲南大学を卒業して帰郷するに当たり、達さんの故郷である内モンゴルの呼和浩特《フフホト》を訪ねた。呼和浩特市民の多くは山西省訛りの中国語を話すそうだ。モンゴル族の血を引く達さんは、「普通話《プトンフォア》（標準語）は話せるが、モンゴル語は話せない」と苦笑していた。呼和浩特市を訪ねる気になったのは、内モンゴルの大草原を見てみたかったのと達さんの母親の莎琳《シァリン》さんに話を聞きたかったからだ。

お言葉に甘えて自宅を訪ねると、お母さんが手作りの昼食を用意して歓迎してくれた。「料理はあまり得意ではないので、美味しいかどうかわからないけど……」と謙遜していたが、料理はどれも美味しかった。「晩ご飯も食べにいらっしゃい」の一言に、図々しくも晩ご飯までご馳走になってしまった。

莎琳さんは1956年に呼和浩特市で二人姉妹の妹として生まれた。55歳で定年退職するまで呼和浩特市の高校で国語（中国語）の教師をしていた。

70年代は農村へ派遣されて農作業を3年。その後、製鉄工場に2年間派遣され、溶けた鉄と格闘させられた。「小中学校の時代はほとんど授業がなかった。毎日毎日、労働だった」そうだ。

莎さんは大学に進学する前は美術家になるのが夢だった。だが、文革のために自分の希望とは異なる教師の道を選ばざるを得なかった。一方、姉は希望していた芸術大学でピアノを学ぶことができた。「勉強をすることもできず、本も読めず、時間の浪費でしかなかった」のことばには悔しさのようなものが滲んでいた。「自由には、やりたいことができる自由とやりたくないことをやらなくてもよい自由がある」の言葉に感銘を受けた。

私が定年後に中国語の勉強を始めた話から、話題が「定年退職」に及んだ。「中国の定年は男性60歳、女性55歳」と聞いて少々驚いた。男女格差はどこの国にもある。中国といえども例外ではなかった。莎さんの「夢」は世界旅行だそうだ。「知らないことを知りたい」と知識欲旺盛な莎さんだった。

達菲さんは雲南大学を優秀な成績で卒業した後、日本語と東アジアの国際経済を学ぶため浙江省杭州市の財経大学大学院へ進み修士号を取得し、現在は上海の日系企業で働いている。

昆明女子中学で日本語教室

2013年4月、春蕾クラスの日本語教室が開校した。短期間なので、日本語の「あいうえお」と日本の歌「ふるさと」を覚えてもらうことを目標にした。

開校初日、8階の大教室へ行くと、「大丈夫！」と言われた黒板は、ボコボコで使用不能。2回目には、頼りにしていたプロジェクターが講義の途中でダウン。以後も講義日程が学校行事でドタキャンされたり、艱難辛苦の連続だったが、春蕾生の熱意に支えられて、手持ちのホワイトボードとテープデッキでなんとか凌いだ。7月、春蕾生の代表が上海日本人学校高校部を訪問した際に、日本人高校生と「ふるさと」を暗譜で合唱する姿を見たとき、胸が熱くなった。

雲南に通い始めてほぼ8年、留学生活2年半、さまざまな人々との出会いは生涯忘れることのできない、大きな思い出となった。

中でも同世代の人々との出会いは、自分の過ぎ来し方を振り返ると、同じ60年代70年代を生きたとは言え、互いが経験した時間の“重さ”の違いに気づかされた。友人の一人が語った「真に辛い経験は他人に話せない」のことばに自分の軽率さを痛感した。

その一方で、80年代以降の改革開放によって、さまざまな矛盾や格差を生み出しつつも、いままさに“豊かになれる時代”を迎えて、13億のすべての人々が豊かさを求めて“前へ、前へ”突き進もうとするエネルギーのようものを感じた。

認定NPO法人「日本雲南聯誼《れんぎ》協会」は雲南省少数民族の貧しい子どもたちのための教育支援を行なっています。詳しくは協会のホームページまたはFacebookをご覧いただければ幸いです。

あとがき

　好奇心から昆明に来た当初は、おっかなびっくりの毎日だった。なにせ、知っている中国語は「ニーハオ」「シェシェ」「ザイジェン」の３単語のみ。中国語のイロハさえまったく知らない身で留学しようというのだから、無謀と言えば無謀である。「無知こそ幸い」であった。

「幸い」は、それだけではなかった。入学した雲南師範大学国際漢語教育学院はとてもすばらしい学校だった。老師《ラオシ》の指導は懇切丁寧、ときどき容赦なし。授業と宿題と試験に追われながら、同学《トンシェ》の助けでなんとか落ちこぼれずに済んだ。

　２年半で、韓国、ベトナム、タイ、オーストラリア、タジキスタン、インド、イスラエル、ロシア、チェコ、ポーランド、スウェーデン、オーストリア、オランダ、ドイツ、イギリス、アメリカの学生と机を並べた。宿題の確認も晩飯、飲み会の誘いも、連絡は中国語を使った携帯メールが主流だった。お蔭で携帯メールではかなり意思を伝えられるようになった。「妙な中国語もあるけど、意味はわかる」と中国人学生が笑っていた。会話はいまだに聞き取れないことの方が多い。「高級班《ガオジィバン》（最上級クラス）」には、道なお険し、である。

　学生生活の一方で、日本雲南聯誼協会の特命支部長として、たくさんの人々と出会った。山間僻地に暮らす少数民族の人々、省政府・地方政府で働く人にも会う機会があった。少なからぬ人が「中国はたくさんの矛盾を抱えている」と正直に語り、「豊かになりたい」、「子どもたちに教育を受けさせたい」と言っていた。

　官僚の腐敗、貧富の差の拡大、遅々として進まないインフラ整備、最悪な交通道徳、衛生観念の欠如、文明圏に育った人間にはなんともストレスの溜まる社会だが、昆明人は「できないことを嘆くより、できることを楽しむ」現実主義者が大勢のようで、「豊かになれる人から豊かになる喜び」を享受しているように見えた。

　雲南留学はいくつかの珍記録を作らせてくれた。

　　単身生活最長記録（約 800 日）
　　生活費最少記録（約３万円／月）
　　最高標高到達点記録（海抜 4500 m）
　　バス旅行最長記録（約 2600㎞）

　そして、個性豊かな同学と老師、日本のアニメが大好きな世界中の若者たち、「吃饭了吗（ごはんたべたか？）」と隣人を思い遣る心優しい街の人々、恥ずかしがりやの農村の人々、いったい何人の人と出会っただろうか。人々との出会いは、なによりも得難い、貴重な記録となった。

　こんなすばらしい記録を残せたのも、勝手を許してくれた家族の寛大な心と、日本雲南聯誼協会をはじめ多くの方々のお蔭である――大家、感謝您。

　最後に、本書の出版にあたり寛容なるお力添えをいただいた冨山房インターナショナル株式会社の坂本喜杏社長、新井正光編集主幹に心よりお礼を申し上げます。

　2016 年　吉日

平田　栄一

平田栄一（ひらた　えいいち）
1949年福岡県生まれ。幼少期から父親の訓導を得て写真撮影を趣味とする。某大手教科書出版会社の出版部門に30数年勤務の後、フリーランス編集者に転身。仕事の傍ら中国・東南アジアの各地を探訪する。2010年、中国病が高じて雲南省に語学留学。同時に認定特定非営利活動法人「日本雲南聯誼協会」特命支部長として、雲南省僻地の農山村を訪問。貧困少数民族児童の教育支援や日中高校生・大学生の相互理解のための交流活動に微力を注いでいる。

ごはん たべたか？

2016年7月9日　初版発行

写真と文　平田栄一
発 行 者　坂本喜杏
発 行 所　株式会社冨山房インターナショナル
〒101-0051　東京都千代田区神田神保町1-3
TEL. 03 (3291) 2578　FAX 03 (3219) 4866
URL：www.fuzambo-intl.com
デザイン　平田栄一
印刷・製本　凸版印刷株式会社

本書に掲載されている写真、図版、文章を著者の許諾なく転載することは法律で禁止されています。 乱丁落丁本はお取り替え致します。
©Eiichi HIRATA 2016, Printed in Japan
ISBN978-4-86600-014-5 C0036